TABLE DES MATIÈRES

Vélio Pifferi

LA CUISINE ITALIENNE

CUISINE Auzou

C'est tout une longue et prestigieuse tradition qui fait la renommée de la cuisine italienne. De leurs ancêtres romains, les Italiens d'aujourd'hui ont conservé le goût de la bonne chère.
Le gourmet italien respecte scrupuleusement l'ordre des plats d'un menu. Commençant par les antipasti, assortiment de gourmandises appétissantes et raffinées, il poursuivra bien entendu par les inévitables pâtes. Ensuite, viendront les autres plats, viandes, poissons, volailles, légumes et bien entendu d'excellents fromages et de merveilleux desserts.
Comme chez nous, il est de coutume de servir un apéritif avant le repas pour ouvrir l'appétit des convives (*aperire* signifie ouvrir, en latin) et les mieux préparer aux plaisirs du repas.
Ici comme ailleurs, on choisit les vins selon le type du menu. Une carafe d'eau fraîche est toujours présente sur la table. Une autre présence indispensable sur une table bien mise en Italie est la corbeille remplie de pain blanc frais, car ce serait un péché de ne pas tremper ce pain dans les sauces raffinées. De plus on trouve toujours sel, poivre, vinaigre et huile sur la table pour pouvoir assaisonner soi-même les salades servies en garniture. Toutefois l'Italien préfère de loin se laisser servir à table.
Pour terminer le repas et faciliter la digestion, on déguste un café fort ou expresso, et chacun des convives peut disposer du bar de la maison, qui contient toutes sortes de liqueurs aromatiques, comme Sambuca ou Fernet Branca, pour n'en citer que deux.
Dans ce livre je voudrais vous dévoiler quelques recettes de mon pays natal, pour qu'à l'avenir vous puissiez apprécier cette cuisine non seulement pendant vos vacances, mais aussi chez vous, en famille ou avec des amis. On trouve toujours une bonne occasion pour cela. Les recettes ont été calculées pour quatre personnes, mais je dois vous le préciser, pour quatre personnes douées d'un bon coup de fourchette si c'est un menu complet que vous leur composez ; évaluez bien les capacités de votre famille et de vos invités, et il vous sera facile de déterminer les bonnes quantités.
À présent je vous souhaite beaucoup de plaisir en essayant mes recettes et bonne chance.

Vélio Pifferi

Les antipasti (entrées et hors-d'œuvre)

L'Italien ne manquerait à aucun prix ces petites délices culinaires qui stimulent l'appétit et ouvrent l'estomac pour d'autres mets tout aussi raffinés. C'est ensuite que le festin en société peut commencer.

Caponata

Hors-d'œuvre de légumes

Ingrédients pour 4 personnes

1 aubergine
1 petit pied de céleri en branches
1 botte d'oignons nouveaux
1 petite courgette
1 verre d'huile d'olive
4 tomates
1 verre d'olives farcies (12)
1 flacon de câpres
1/2 verre de vinaigre
1 cuil. à coupe de concentré de tomates
1 cuil. à café de sel
1 cuil. à café de poivre fraîchement mouliné
1 pincée de sucre
1 bouquet d'origan
1 cuil. à soupe de pignons de pin (graines de pin)

Mode de préparation :

1. Coupez l'aubergine en dés d'un centimètre, mettez-les dans une passoire, saupoudrez les bien de sel pour les faire dégorger et laissez-les ainsi pendant environ 30 minutes.

2. Rincez-les sous l'eau froide, égouttez et essorez-les dans un papier absorbant.

3. Épluchez et lavez le céleri, coupez-le en morceaux d'un centimètre d'épaisseur et faites-les blanchir pendant cinq minutes dans de l'eau salée. Épluchez et lavez les oignons nouveaux et coupez-les en fines rondelles. Coupez la courgette en petits dés.

4. Faites chauffer l'huile d'olive dans une cocotte et ajoutez-y les dés d'aubergine pour les faire dorer. Ajoutez ensuite les oignons nouveaux et les morceaux de courgette, mêlez et faites revenir rapidement. Ajoutez à ce mélange le céleri égoutté, les tomates pelées, épépinées et coupées en petits dés, les olives et les câpres.

5. Mouillez avec le concentré de tomates et le vinaigre. Retirez du feu, salez, poivrez, ajoutez le sucre, vérifiez l'assaisonnement et laissez refroidir.

6. Avant de servir, saupoudrez d'origan fraîchement haché et de

pignons de pin. Le caponata est un hors-d'œuvre qui peut être dégusté aussi bien froid que chaud. Chaud il se prête également très bien à accompagner la viande de porc et de bœuf rôtie ou cuite à l'étuvée.

Fritto misto di Mare

Friture mixte de la mer

Ingrédients pour 4 personnes

1 kg d'assortiment de crevettes, seiches, sardines, ou filets de sole
1 cuillerée à café de sel
1 cuillerée à café de poivre fraîchement moulu
1 jus de citron
Quelques gouttes de Worcester sauce

Pour la pâte à frire :

100 g de farine
1 pincée de sel
1 verre d'eau tiède
2 cuillerées à soupe d'huile
1 blanc d'œuf

En plus :

Huile pour la friture
2 citrons
1 orange

Mode de préparation :

1. Lavez préalablement les seiches, sardines, etc. sous l'eau courante et séchez-les. Salez et poivrez, arrosez avec la Worcester sauce et le jus de citron et laissez mariner environ 30 minutes.
2. Tamisez la farine dans une terrine, ajoutez le sel et l'huile et mélanger avec soin pour obtenir une pâte homogène. Laissez reposer cette pâte au réfrigérateur pendant deux heures. Ensuite battez le blanc d'œuf en neige ferme et incorporez-le délicatement à la pâte.
3. Faites chauffer l'huile à friture, trempez les poissons et les crustacés dans la pâte, puis plongez-les dans l'huile bouillante et laissez cuire jusqu'à ce qu'ils soient bien dorés.
4. Servez avec des quartiers de citron et d'orange. Accompagnez d'une baguette de pain et d'un vin blanc sec. Dans certaines régions d'Italie cependant on accompagne ce plat d'une sauce rémoulade, faite avec de la mayonnaise, plusieurs herbes mélangées, du jus de citron, des câpres et des filets d'anchois finement hachés.

Il Consiglio

Dans la cuisine italienne on utilise principalement de l'huile d'olive pure, première pression à froid. Il ne faut pas conserver trop au frais l'huile extraite à froid, car certaines matières grasses durcissent et forment alors un dépôt de petits flocons blanchâtres.

Lumache alla Maremmana

Escargots à la Maremmoise

Ingrédients pour 4 personnes

24 escargots avec leurs coquilles
4 cuillerées à soupe d'huile d'olive
1 oignon
4 tomates
2 gousses d'ail
1 piment rouge
1 bouquet de menthe
1/2 cuil. à café de sel
1 pincée de poivre blanc
1 jus de citron vert
1/2 tasse de mie de pain blanc émiettée

Mode de préparation :

1. Faites bien dégorger les escargots et replacez-les dans leurs coquilles.
2. Faites chauffer l'huile dans une poêle adéquate. Hachez finement les oignons et faites-les revenir dans de l'huile chaude. Les oignons doivent fondre, mais sans dorer.
3. Peler et épépinez les tomates, coupez-les en petits dés. Écrasez et pilez l'ail avec du sel de façon à obtenir une pâte, ajoutez-la aux oignons, ainsi que les tomates et le piment épépiné et haché menu, et faites revenir rapidement ce mélange.
4. Triez, lavez et hachez finement la menthe et incorporez-la au mélange.
5. Assaisonnez avec le sel et le poivre et arrosez avec le jus de citron vert.
6. Répartissez cette farce sur les escargots, saupoudrez de mie de pain et faites chauffer au four ou au gril.
7. Servez avec une baguette de pain et un vin blanc sec.

Barchette Ripiene

Barquettes farcies

Ingrédients pour 4 personnes

Pour la pâte :

300 g de farine
150 g de beurre ou de margarine
1/2 à 3/4 de verre d'eau froide
1 pincée de sel

Pour la farce :

50 g de jambon cuit
150 g de crabe ou de crevettes décortiquées
1 tasse à déjeuner de mayonnaise
2 cuillerées à soupe de ketchup
2 cl de liqueur d'amaretto di saronno d'origine
1 bouquet de basilic
1 pincée de sel
1 pincée de poivre blanc

Mode de préparation :

1. Pour la pâte, mélangez tous les ingrédients, mais ne pétrissez pas trop. Étalez la pâte et repliez-la. Répétez trois fois cette opération en laissant entre-temps, chaque fois, reposer la pâte pendant 10 minutes.
2. Étalez ensuite la pâte à un demi-centimètre d'épaisseur, coupez-la en morceaux et, avec vos mains farinées, formez de petites barquettes. Posez-les sur une tôle à pâtisserie beurrée et faites cuire à four moyen (thermostat 5) pendant environ quinze minutes.
3. Sortez du four et laissez refroidir.
4. Pour la farce, coupez le jambon en petits dés et mélangez aux miettes de crabe ou aux crevettes.
5. Mélangez la mayonnaise avec le ketchup et l'amaretto ; vérifiez cet assaisonnement et ajoutez-le à la préparation ci-dessus. Ajoutez sel et poivre si nécessaire.
6. Remplissez les barquettes avec cette farce que vous saupoudrez de basilic fraîchement haché juste avant de servir.
7. Accompagnez de toasts et d'un asti spumante bien sec.

Pomodori al Pane Gratinati

Tomates farcies

Ingrédients pour 4 personnes

4 grosses tomates
1 petit oignon
4 filets d'anchois
100 g de champignons frais
1 jus de citron
50 g de chapelure fraîche
2 gousses d'ail
1 cuillerée à café de sel
1 bouquet de basilic
1 pincée de poivre noir
1/2 tasse à déjeuner de parmesan râpé

Mode de préparation :

1. Coupez les tomates en deux, enlevez les pépins et la chair à l'aide d'une cuiller à café.
2. Retournez les moitiés de tomates, ouvertures en bas, sur un torchon pour les égoutter. Pendant ce temps, coupez la partie sableuse des champignons,

lavez-les et hachez-les ainsi que l'oignon et les filets d'anchois.
3. Arrosez rapidement avec le jus de citron et mélangez avec la chapelure et la chair hachée des tomates. Écrasez et pilez les gousses d'ail avec le sel, incorporez-les à la farce en même temps que le basilic haché, puis poivrez.

4. Remplissez les demi-tomates avec cette farce, saupoudrez de parmesan.
5. Faites gratiner au four ou au gril et servez.
Les tomates farcies peuvent être présentées chaudes ou froides en hors-d'œuvre ou très chaudes pour accompagner du poisson cuit à l'eau ou à la poêle.

Fonduta alla Piemontese

Fondue au fromage à la Piémontaise

Ingrédients pour 4 personnes

400 g de fromage râpé (fontina)
1/4 de litre de lait
4 jaunes d'œufs
30 g de beurre
1 cuillerée à café de sel
1/2 cuillerée à café de poivre
1 pincée de muscade

En plus :

Pain à toasts ou gressins

Mode de préparation :

1. Enlevez la croûte du fromage et coupez celui-ci en petites lamelles fines. Posez-les dans une terrine, recouvrez de lait et laissez macérer pendant 5 à 6 heures.
2. Retirez le fromage du lait. Mélangez avec les jaunes d'œufs et le beurre. Ajoutez une demi-tasse de lait et faites chauffer le tout au bain-marie de façon à obtenir une pâte crémeuse.

3. Salez, poivrez, ajoutez une pointe de muscade.
4. Servez avec les toasts grillés ou les gressins. Accompagnez d'un vin blanc demi-sec.

Il Consiglio

On ne trouve pas toujours en France du Fontina, ce fromage très gras en provenance du Val d'Aoste. Vous pouvez le remplacer par le Chester. Si votre fondue a coagulé, vous pouvez la faire redevenir lisse en ajoutant un peu de fécule.

Zucchini alla Scapese

Courgettes marinées

Ingrédients pour 4 personnes

4 courgettes de taille moyenne
2 jus de citrons
1 verre de farine environ
1 verre d'huile d'olive
2 gousses d'ail
1 cuillerée à café de sel
1 verre de vinaigre
1 verre de vinaigre
1 verre de bouillon
1 petit piment
1 pincée de sucre
1 pincée de poivre fraîchement moulu
1 bouquet de persil

Mode de préparation :

1. Épluchez et lavez les courgettes, coupez-les en rondelles fines. Arrosez avec le jus de citron et laissez mariner pendant dix minutes. Passez-les dans la farine.
2. Faites chauffer l'huile d'olive dans une sauteuse et lorsqu'elle est très chaude faites-y revenir les courgettes.
3. Disposez-les en couches dans un plat de service creux. Faites fondre les gousses d'ail, écrasées au préalable avec le sel, dans l'huile restante, sans les faire dorer.
4. Mouillez avec le vinaigre e t le bouillon, ajoutez le piment finement haché ainsi que le sucre, poivrez. Versez le tout sur les rondelles de courgettes, saupoudrez de persil.
5. Couvrez et laissez reposer au réfrigérateur pendant au moins une nuit. Ces courgettes sont servies comme hors-d'œuvre accompagnées d'une baguette de pain.

Les soupes et les potages

À vrai dire il n'y a pas de mot propre pour désigner dans la langue italienne la soupe; l'appellation «zuppa» n'est utilisée que pour quelques rares spécialités. Néanmoins les Italiens aiment en général beaucoup les soupes et chaque région a ses spécialités.

Zuppa Pavese

Bouillon aux œufs avec toasts

Ingrédients pour 4 personnes

4 tranches de pain blanc de taille moyenne
2 cuillerées à soupe de beurre ou de margarine
4 œufs
3/4 de litre de bouillon
1/2 cuil. à café de sel
1 pincée de poivre blanc
1 pointe de muscade
4 cuil. à soupe de parmesan râpé
1 bouquet d'origan

Mode de préparation :

1. Coupez chaque tranche de pain blanc en quatre parts égales.
2. Faites chauffer le beurre ou la margarine dans une poêle, mettez-y les morceaux de pain et faites-les dorer des deux côtés.
3. Retirez-les et disposez-les sur quatre assiettes. Cassez un œuf dans chaque assiette sur les morceaux de pain blanc.
4. Faites chauffer le bouillon, salez, poivrez et ajoutez la muscade puis versez-le dans les quatre assiettes.
5. Mettez au four préchauffé (th. 5 ou 6) jusqu'à coagulation complète du blanc des œufs. Avant de servir, saupoudrez de parmesan et d'origan fraîchement haché.

Brodetto di Pesce dolce Amaro

Soupe de poisson aigre-douce

Ingrédients pour 4 personnes

4 oignons
4 cuillerées à soupe d'huile d'olive
4 gousses d'ail
1 cuillerée à café de sel
1/4 de litre de vin blanc
3/4 de litre de bouillon
1 jus de citron
1/2 verre de vinaigre
1 kg de poissons de mer assortis (cabillaud, sardines, maquereaux, etc.)
1 cuillerée à café de poivre blanc
1 cuillerée à café d'origan
1 cuillerée à café de thym

Mode de préparation :

1. Épluchez les oignons et coupez-les en rondelles fines.
2. Faites chauffer l'huile d'olive dans une sauteuse et mettez-y les oignons qui doivent fondre sans dorer. Ajoutez l'ail écrasé et mélangé avec le sel et faites revenir rapidement.
3. Mouillez avec le vin blanc et le bouillon. Versez le jus de citron et le vinaigre. Laissez cuire à feu moyen pendant quinze minutes.
4. Pendant ce temps préparer et lavez les poissons de mer et coupez-les éventuellement en morceaux. Plongez-les dans la soupe et assaisonnez avec le poivre, l'origan et le thym.
5. Prolongez la cuisson de la soupe avec le poisson pendant environ quinze minutes et servez avec du pain blanc.

Minestrone alla Milanese

Potage de légumes à la Milanaise

Ingrédients pour 4 personnes

100 g de haricots blancs secs
150 g de lard de poitrine fumé
100 g de jambon cru
2 cuillerées à soupe de beurre ou de margarine
1 oignon
2 carottes
1 poireau
1 courgette de taille moyenne
1,25 litre de bouillon
2 gousses d'ail
1 cuillerées à café de sel
1 feuille de laurier
1 pincée de poivre moulu
4 tomates
1 petite boîte de petits pois
150 g de riz cuit
Quelques branches de sauge
1 bouquet de basilic
1 tasse à déjeuner de parmesan râpé

Mode de préparation :

1. Faites tremper les haricots blancs pendant la nuit. Coupez le lard et le jambon en petits dés.
2. Faites chauffer le beurre ou la margarine dans une marmite adéquate et faites-y revenir le lard et le jambon.
3. Épluchez, lavez les légumes et coupez-les en rondelles fines. Ajoutez-les ainsi que les haricots blancs égouttés au lard et faites revenir brièvement le tout à nouveau. Mouillez avec le bouillon et faites cuire environ 25 minutes à feu modéré.
4. Écrasez les gousses d'ail avec le sel, ajoutez-les avec la feuille de laurier émiettée dans la soupe, poivrez. Pendant ce temps pelez et épépinez les tomates et coupez-les en petits dés. Ensuite incorporez-les à la soupe ainsi que les petits pois égouttés et le riz et prolongez la cuisson à feu doux encore pendant 10 minutes.
5. Épluchez, lavez et émincez la sauge et le basilic et mettez-les dans la soupe.
6. Avant de servir vérifiez l'assaisonnement et saupoudrez de parmesan.

Zuppa di Cipolla alla Toscana

Soupe à l'oignon à la Toscane

Ingrédients pour 4 personnes

500 g d'oignons nouveaux
3 cuillerées à soupe de saindoux
1 petit piment
2 gousses d'ail
1 cuillerée à café de sel
25 c l de vin blanc
75 cl de bouillon
1 pincée de sel
1/2 cuillerée à café de poivre blanc
1 pointe de muscade
1 pincée de sucre
1 bouquet de marjolaine

En plus :

3 tranches de pain blanc
3 cuillerées à soupe d'huile d'olive
4 cuillerées à soupe de fromage de brebis râpé (pecorino)

Mode de préparation :

1. Épluchez les oignons et coupez-les en rondelles fines.
2. Faites chauffer le saindoux dans une casserole, ajoutez les oignons, le piment haché et l'ail pilé avec du sel et faites cuire doucement. Quand tout est fondu sans être doré mouillez avec le vin blanc et le bouillon. Assaisonnez avec le sel, le poivre, la muscade et le sucre.
3. Émincez finement la marjolaine et ajoutez-la à la soupe. Portez à ébullition, couvrez et laissez cuire à feu moyen pendant 15 minutes.
4. Entre-temps coupez le pain blanc en dés et faites-le dorer dans l'huile d'olive.
5. Versez la soupe à l'oignon dans les assiettes, jetez-y les croûtons de pain, saupoudrez de fromage de brebis râpé et servez immédiatement.

Il Consiglio

Pour cette soupe à l'oignon vous pouvez aussi bien utiliser les gros oignons jaunes et plus doux. Tous les oignons, quelles que soient leur forme et leur couleur, sont riches en vitamine C et donc très bons pour la santé.

Minestra di Carne Tritata

Potage à la viande hachée

Ingrédients pour 4 personnes

3 cuillerées à soupe d'huile d'olive
50 g de lard de poitrine
250 g de viande hachée (mélange de porc et de bœuf)
1 oignon
2 poivrons (1 rouge et 1 vert)
1 pied de céleri de taille moyenne
2 gousses d'ail
1 cuillerée à café de sel
2 cuillerées à soupe de concentré de tomates
1 verre de vin rouge
75 cl de bouillon
1 cuillerée à café de thym
1 cuillerée à café de romarin
1 pincée de sel
1/2 cuillerée à café de poivre blanc
1 tasse à déjeuner de crème fraîche
1 bouquet de persil
1 tasse à déjeuner de parmesan râpé

Mode de préparation :

1. Faites chauffer l'huile d'olive dans une casserole et faites-y revenir le lard coupé en petits dés. Ajoutez la viande hachée et faites dorer.
2. Épluchez l'oignon et les poivrons et coupez-les en lamelles fines. Épluchez le céleri et coupez-le en tranches fines.
3. Pilez l'ail avec du sel, ajoutez-le à la viande hachée ainsi que l'oignon et les poivrons et faites revenir brièvement le tout.
4. Mouillez avec le vin rouge, le bouillon et le concentré de tomates, salez, poivrez, aromatisez de thym et de romarin et laissez mijoter doucement à couvert pendant environ 25 minutes.
5. Au moment de servir incorporez la crème fraîche et saupoudrez de persil fraîchement haché.
6. Présentez le Parmesan râpé à part.

Zuppa di Cozze

Soupe aux moules

Ingrédients pour 4 personnes

1,5 litre de moules
2 oignons
1 bouquet garni composé de :
1 carotte, 1 petit poireau,
1 branche de céleri et 1 morceau de chou-fleur
25 cl de vin blanc
1 litre de bouillon
2 feuilles de laurier
Quelques grains de genièvre
Quelques grains de poivre
1 cuillerée à café de sel
1/2 cuillerée à café de poivre blanc
1 pincée de sucre

En plus :

30 g de beurre
30 g de farine
Quelques gouttes de Worcester sauce
1 jus de citron
1 tasse à déjeuner de crème fraîche
2 jaunes d'œufs
1 bouquet de persil

Mode de préparation :

1. Brossez soigneusement les moules à l'eau courante.
2. Coupez les oignons en quatre et mettez-les dans une casserole avec le bouquet garni, le vin blanc, le bouillon, les feuilles de laurier, les grains de genièvre et les grains de poivre, portez à ébullition et laissez cuire à feu doux pendant quinze minutes.
3. Salez, poivrez et ajoutez la pincée de sucre. Versez-y les moules et faites cuire le temps nécessaire pour que toutes soient ouvertes.
4. Retirez les moules et détachez leur chair.
5. Ensuite faites fondre le beurre dans une casserole, délayez-y la farine et mouillez avec 75 cl d'eau de cuisson des moules refroidie et passée à l'étamine.
6. Fouettez le tout pour obtenir un mélange homogène et laissez cuire 10 minutes à feu modéré.
7. Assaisonnez avec la Worcester sauce, le jus de citron, du sel et du poivre, ajoutez la chair des moules et faites réchauffer.
8. Retirez la casserole du feu et liez la soupe avec la crème fraîche et les jaunes d'œufs battus.
9. Saupoudrez de persil fraîchement haché et servez très chaud.

Minestra di Zucchini

Potage aux courgettes

Ingrédients pour 4 personnes

4 courgettes de taille moyenne
2 cuillerées à soupe d'huile d'olive
2 gousses d'ail
1 cuillerée à café de sel
1 petit piment
4 tomates
1 verre de vin blanc
75 cl de bouillon
1/2 bouquet de persil
1/2 bouquet de basilic
1/2 cuil. à café de sel
1 tasse à déjeuner de crème fraîche
1/4 de cuillerée à café de poivre fraîchement moulu

Mode de préparation :

1. Lavez les courgettes et coupez-les en rondelles fines.
2. Faites chauffer l'huile dans une casserole, ajouter les gousses d'ail pilées et mélangées au sel, le piment haché et les rondelles de courgettes et faites revenir brièvement.
3. Couvrez et laissez mijoter dix minutes à feu moyen.

4. Entre-temps pelez et épépinez les tomates et coupez-les en petits dés. Ajoutez-les aux courgettes. Mouillez avec le vin blanc et le bouillon.
5. Aromatisez avec les herbes préalablement épluchées, lavées et émincées et laissez cuire encore cinq minutes.
6. Avant de servir, salez, poivrez et incorporez la crème fouettée.

Minestra di Riso con Lenticchie

Potage au riz et aux lentilles

Ingrédients pour 4 personnes

150 g de lentilles
100 g de lard de poitrine
2 oignons
2 cuillerées à soupe d'huile d'olive
2 gousses d'ail
1 cuillerée à café de sel
2 cuillerées à soupe de concentré de tomates
1 verre de vin blanc
75 cl de bouillon
4 tomates
2 jus de citrons
200 g de riz cuit
1 pincée de sel
1 pincée de poivre fraîchement moulu
1 pincée de sucre
50 g de fromage de brebis râpé (pecorino)

Mode de préparation :

1. Faites tremper les lentilles pendant la nuit.
2. Égouttez, puis mettez à cuire dans de l'eau salée en veillant à ce que les lentilles restent encore fermes.
3. Entre-temps coupez en dés le lard et les oignons.
4. Faites chauffer l'huile dans une casserole.
5. Ajoutez le lard, les oignons et l'ail pilé et mélangé au sel et faites revenir légèrement le tout.
6. Mouillez avec le concentré de tomates, le vin blanc et le bouillon.
7. Ajoutez les lentilles égouttées, les tomates pelées épépinées et coupées en dés, le jus de citron et le riz. Faites chauffer l'ensemble, salez, poivrez et sucrez.
8. Avant de servir, saupoudrez de fromage de brebis râpé.

Il Consiglio

De même que l'oignon, l'ail est très apprécié dans la cuisine italienne. Le plus souvent il n'est utilisé que haché et revenu dans de l'huile d'olive. Cependant il est préférable de l'écraser avec du sel jusqu'à l'obtention d'une pâte. Ainsi il se répartit plus facilement dans les aliments.

Les viandes

De mauvaises langues affirment que les Italiens ne savent pas préparer la viande. Ceux qui croient cela devraient être détrompés par les recettes suivantes. Les morceaux d'agneau, de porc, de veau et de bœuf cuits à l'eau, à l'étuvée ou rôtis sont un véritable délice.

Cosciotto di Agnello alla Toscana

Gigot d'agneau à la Toscane

Ingrédients pour 4 personnes

250 g de haricots rouges
1 gigot d'agneau désossé d'un kilo
4 gousses d'ail
1 cuillerée à café de sel
1 cuillerée à soupe de thym
1 cuillerée à soupe de romarin
1 cuillerée à soupe d'origan
1/2 verre d'huile d'olive
1 grande boîte de tomates pelées
1 verre de vin rouge
1 pincée de sel
1/2 cuillerée à café de poivre moulu

Mode de préparation :

1. Faites tremper les haricots rouges pendant la nuit.
2. Ensuite égouttez et mettez à cuire dans de l'eau salée en veillant à ce qu'ils restent encore fermes.
3. Rincez le gigot d'agneau à l'eau courante, essuyez et éventuellement ficelez-le.
4. Pilez les gousses d'ail avec du sel, mélangez avec les herbes et l'huile. Enduisez le gigot uniformément de cette préparation.
5. Dans une cocotte faites-le revenir de tous les côtés. Ajoutez

les tomates passées au tamis, mouillez avec le vin rouge.
6. Couvrez et laissez mijoter environ 80 à 90 minutes à feu moyen.
7. Peu de temps avant la fin de la cuisson, ajoutez les haricots rouges égouttés.
8. Salez et poivrez la sauce.
9. Accompagnez ce plat de salades composées ou de pommes de terre cuites au four.
10. Comme boisson servez un vin rouge corsé.

Cotelette di Agnello alla Pastorella

Côtelettes d'agneau à la pastorale

Ingrédients pour 4 personnes

12 côtelettes d'agneau
environ 1 tasse à déjeuner de farine
1 verre d'huile d'olive
250 g d'olives noires
1 piment
4 gousses d'ail
le jus de 2 citrons
1 bouquet d'origan
1/2 cuillerée à café de sel
1/2 cuillerée à café de poivre blanc fraîchement moulu
1 pincée de sucre
Sel
Poivre

Mode de préparation :

1. Salez, poivrez et farinez les côtelettes d'agneau et faites-les cuire dans l'huile jusqu'au degré de cuisson souhaité. Ôtez-les et réservez au chaud.
2. Dans la graisse de cuisson faites revenir rapidement les olives dénoyautées et coupées en quatre.
3. Hachez le piment, les gousses d'ail et l'origan, ajoutez le tout aux olives et mouillez avec le jus de citron. Salez, poivrez et sucrez.
4. Dressez les côtelettes sur un plat et nappez-les de la sauce.
5. Accompagnez de carottes cuites au beurre et de pommes de terre sautées.
6. Comme boisson servez un vin rouge jeune.

Abbacchio con Salsa di Limone

Agneau de lait au citron

Ingrédients pour 4 personnes

750 g d'épaule d'agneau
100 g de lard de poitrine
4 cuillerées à coupe d'huile d'olive
250 g d'oignons
2 cuil. à soupe de farine
0,25 litre de vin blanc
0,50 litre de bouillon
1 cuillerée à café de sel
1/2 cuillerée à café de poivre blanc
1 bouquet de citronnelle
1 cuil. à soupe de poivre vert en grains
1/2 verre de jus de citron
4 jaunes d'œufs

Mode de préparation :

1. Lavez l'épaule d'agneau à l'eau courante, essuyez et coupez-la en morceaux de 2 cm d'épaisseur. Coupez le lard en petits dés.
2. Faites chauffer l'huile d'olive dans une cocotte, faites fondre le lard, ajoutez la viande et faites-la dorer de toutes parts.
3. Ajoutez les oignons coupés en rondelles et faites-les revenir rapidement. Saupoudrez de farine et mouillez avec le vin blanc et le bouillon.
4. Salez, poivrez, ajoutez la citronnelle hachée et les grains de poivre, couvrez et laissez cuire environ une heure à feu moyen.
5. Mélangez le jus de citron avec les jaunes d'œufs.
6. Vérifiez l'assaisonnement du sauté d'agneau et incorporez le mélange citron-œuf.
7. Faites épaissir la sauce sans cesser de remuer et sans laisser bouillir pour éviter la coagulation des jaunes d'œufs.
8. Quand la sauce est bien liée, servez immédiatement.
9. Accompagnez de spaghetti cuits «al dente» et d'une salade verte assaisonnée au jus de citron.
10. Comme boisson servez un vin rosé sec.

Rognoni di Montone

Rognons de mouton

Ingrédients pour 4 personnes

500 g de rognons de mouton environ
1 tasse à déjeuner de farine
50 g de beurre ou de margarine
250 g d'oignons blancs
100 g de jambon cru
1 boîte de tomates pelées
1 bouquet de basilic
1/2 tasse à déjeuner de crème fraîche
1/2 cuillerée à café de sel
1/2 cuillerée à café de poivre blanc
1 pincée de sucre
2 cl de Marsala

Mode de préparation :

1. Lavez les rognons de mouton à l'eau courante, séchez-les, coupez-les en tranches, enlevez la graisse et saupoudrez de farine.
2. Faites chauffer le beurre dans une poêle et mettez-y les rognons à dorer. Retirez-les et réservez au chaud.
3. Dans le beurre de cuisson faites revenir les oignons blancs.
4. Ajoutez le jambon coupé en lamelles et faites-le revenir également.
5. Passez les tomates pelées au tamis et ajoutez-les dans la poêle.
6. Incorporez le basilic haché et la crème fraîche.

7. Assaisonnez avec le sel, le poivre et le sucre.
8. Aromatisez au vin de Marsala.
9. Remettez les rognons et faites réchauffer, mais sans laisser bouillir.
10. Servez avec du riz au beurre et une salade mixte.

Ossobuco alla Milanese

Ossobuco à la Milanaise

Ingrédients pour 4 personnes

4 rondelles de jarret de veau (d'environ 5 cm d'épaisseur, avec os à la moelle, pesant chacune environ 300 g)
1/2 tasse à déjeuner environ de farine
1/2 verre d'huile d'olive
1 oignon
2 carottes
1 petit pied de céleri en branches
2 feuilles de laurier
25 cl litre de vin blanc sec
1 boîte de tomates pelées
1/2 cuillerée à café de sel
1/2 cuillerée à café de poivre

Pour la gramolata (mélange granulé) :

2 gousses d'ail
1 cuil. à soupe de zestes de citron râpés
1 bouquet de persil

Mode de préparation :

1. Farinez les rondelles de jarret de veau.
2. Faites chauffer l'huile dans une grande cocotte et mettez-y les morceaux de jarret à dorer des deux côtés, retirez et réservez.
3. Dans la graisse de cuisson faites revenir légèrement les légumes épluchés, lavés et coupés en petits dés. Ajoutez les feuilles de laurier et les tomates, mouillez avec le vin blanc et le concentré de tomate.
4. Salez, poivrez, remettez la viande, couvrez et laissez mijoter à feu moyen pendant environ 1 heure 30.
5. Entre-temps, pour la gramolata, hachez finement les gousses d'ail et mélangez-les avec les zestes de citron râpés le persil haché.
6. Avant de servir, vérifiez l'assaisonnement, faites éventuellement réduire la sauce, cocotte découverte, disposez le tout dans un grand plat et saupoudrez de gramolata.
7. Accompagnez d'un risotto à la Milanaise, composé de riz, Parmesan, safran et persil.
8. Comme boisson servez un vin rouge corsé.

Animelle di Vitello al Forno

Gratin de ris de veau

Ingrédients pour 4 personnes

600 g de ris de veau paré
4 cuil. à soupe de beurre ou de margarine
2 jus de citrons
Quelques gouttes de Worcester sauce
1 verre de vin blanc
2 gousses d'ail
1 cuillerée à café de sel
1 bouquet de citronnelle
150 g d'olives noires
1 flacon de câpres
1 pincée de sel
1/4 de cuillerées à café de poivre blanc
150 g de fromage Fontina coupé en tranches

Mode de préparation :

1. Faites dégorger le ris pendant 2 heures dans de l'eau froide en renouvelant l'eau plusieurs fois.
2. Ensuite faites blanchir dans de l'eau salée. Égouttez et retirez soigneusement les filets sanguins.
3. Lavez à nouveau, essuyez et coupez en morceaux.
4. Faites fondre le beurre dans un plat allant au four et mettez-y les morceaux de ris à dorer.
5. Versez le jus de citron, la Worcester sauce et le vin blanc.
6. Ajoutez l'ail pilé et mélangé au sel, la citronnelle hachée, les olives dénoyautées et coupées en quatre et les câpres. Portez à ébullition et retirez du feu.
7. Salez, poivrez et recouvrez de fromage. Faites gratiner au four ou au gril et servez aussitôt.
8. Accompagnez d'aubergines à la « parmigiana » et d'une salade verte assaisonnée au jus de citron.
9. Comme boisson servez un vin rosé sec.

Il Consiglio

Le ris est le nom usuel du thymus du veau qui est la glande de croissance de cet animal.
Vendu dans le commerce comme un mets délicat, il doit être cuisiné et consommé très frais.

Arrosto di Vitello Ripieno di Parma

Rôti de veau farci à la Parmesane

Ingrédients pour 4 personnes

Pour la farce :

500 g d'épinards
4 cuillerées à soupe de beurre ou de margarine
2 œufs
1/2 tasse à déjeuner de fromage râpé (bel paese)
1/2 tasse à déjeuner de chapelure
1 bouquet d'estragon
1/4 de cuillerée à café de sel
1/4 de cuillerée à café de poivre moulu
1 pointe de muscade
80 g de jambon de Parme coupé en tranches fines

En plus :

1 kg de longe de veau désossée (faire préparer par le boucher afin de pouvoir rouler la viande)
1/2 verre d'huile d'olive
1 bouquet garni composé de : 1 carotte, 1 petit poireau, 1 branche de céleri, 1 morceau de chou-fleur
1 jus de citron
25 cl de vin blanc
25 cl de bouillon

Mode de préparation :

1. Épluchez et lavez les épinards et faites-les revenir rapidement dans le beurre. Retirez et hachez grossièrement.
2. Mélangez dans une terrine avec les œufs, le fromage et la chapelure. Ajoutez l'estragon haché et la muscade, salez et poivrez.
3. Étalez la longe de veau sur une planche de travail, salez et poivrez. Disposez les tranches de jambon et répartissez dessus la farce. Roulez et ficelez.
4. Faites chauffer l'huile dans une cocotte et mettez-y la viande à dorer de toutes parts. Ajoutez le bouquet de légumes épluchés et lavés et mettez à four modéré (th. 6) pendant environ 1 heure 15.
5. Pendant la cuisson arrosez plusieurs fois avec le jus de citron, le vin blanc et le bouillon.
6. En fin de cuisson passez la sauce au tamis et rectifiez l'assaisonnement.
7. Découpez le rôti en tranches et nappez-le avec la sauce.
8. Servez avec des légumes de saison et des pommes de terre sautées.

Vitello all'uccelletto con Formaggio

Émincé de veau à la crème

Ingrédients pour 4 personnes

800 g de filet de veau
1/2 verre d'huile d'olive
2 gousses d'ail
1 cuillerée à café de sel
1 bouquet de sauge
2 oignons
1 verre de vin blanc
1 jus de citron
1 cuillerée à soupe de zestes de citron râpés
1 tasse à déjeuner de crème fraîche
1 pincée de sel
1 pointe de poivre blanc
4 cuillerées à soupe de parmesan râpé

Mode de préparation :

1. Lavez le filet de veau à l'eau courante, essuyez et coupez en tranches fines.
2. Faites chauffer l'huile d'olive dans une sauteuse, ajoutez l'ail pilé et mélangé au sel et la sauge finement hachée.
3. Mettez-y les tranches de filet à dorer 3 à 4 minutes en les retournant souvent.
4. Retirez et réservez au chaud.
5. Dans la graisse de cuisson faites revenir les oignons finement hachés, sans toutefois les faire dorer.
6. Mouillez avec le vin blanc et le jus de citron. Ajoutez les zestes de citron râpés et la crème fraîche et faites réduire.
7. Salez et poivrez, ajoutez le Parmesan et la viande et réchauffez le tout sans refaire bouillir.
8. Servez avec des spaghetti cuits « al dente » et une salade mixte.
9. Accompagnez d'un vin blanc sec.

Le Consiglio

La viande de veau dont la couleur va du rose au rouge clair est celle qui a le meilleur goût. Il faut veiller également à ne pas faire cuire trop longtemps les morceaux de viande à feu vif, car ils ont tendance à se dessécher.

Saltimbocca alla Velio

Escalopes au jambon façon Vélio

Ingrédients pour 4 personnes

8 petites escalopes de veau (de 80 g chacune)
8 feuilles de sauge de taille moyenne
8 tranches de jambon cru
1/2 cuillerée à café de sel
1/2 cuillerée à café de poivre blanc
1/2 tasse à déjeuner environ de farine
3 œufs
1/2 tasse à déjeuner de parmesan râpé
75 g de beurre ou de margarine

Mode de préparation :

1. Aplatissez légèrement les escalopes et posez-les sur un plan de travail.
2. Recouvrez chacune d'elles d'une feuille de sauge et d'une tranche de jambon cru. Fixez le tout bien à plat sur la viande à l'aide de cure-dents.
Salez, poivrez et farinez.
3. Battez les œufs, incorporez le fromage râpé, salez et poivrez.
4. Faites chauffer le beurre dans une poêle, passez les petites escalopes dans les œufs battus et mettez-les à cuire dans le beurre chaud, à feu modéré.
5. Accompagnez d'une part de pâtes vertes sur lesquelles vous versez une sauce tomate à la crème saupoudrée de fromage râpé et d'autre part d'une salade verte assaisonnée à l'huile et au vinaigre.
6. Comme boisson servez un vin rouge sec.

Filetto alla Partenopea

Steaks à la Parthénopéenne

Ingrédients pour 4 personnes

800 g de filet de bœuf
1/2 verre d'huile
100 g de lard de poitrine
1 carotte
1 oignon
1 boîte de tomates pelées
2 gousses d'ail
1 bouquet de thym
1/2 cuillerée à café de sel
1/2 cuillerée à café de poivre noir
1 verre de bouillon

En plus :

500 g de cèpes frais
50 g de beurre ou de margarine
1/2 verre de vin blanc
1 bouquet de persil

Mode de préparation :

1. Coupez le filet en huit tranches minces de taille égale.
2. Faites chauffer la moitié de l'huile dans une sauteuse et faites-y fondre le lard coupé en petits dés.
3. Épluchez la carotte et l'oignon, coupez-les également en petits dés et ajoutez-les au lard pour faire revenir rapidement.
4. Passez les tomates pelées au tamis et ajoutez-les dans la sauteuse.
5. Incorporez les gousses d'ail finement hachées et le thym. Salez, poivrez et mouillez avec le bouillon. Couvrez et laissez mijoter à feu doux environ 10 minutes.
6. Entre-temps lavez et coupez en tranches les cèpes, puis faites-les revenir rapidement dans le beurre. Mouillez avec le vin blanc, salez et poivrez.
7. Faites cuire les steaks, dans l'huile restante, suivant le degré de cuisson souhaité, salez, poivrez et dressez-les sur un plat chaud. Arrosez avec la sauce et répartissez les cèpes autour de la viande. Saupoudrez de persil fraîchement haché.
8. Servez avec des brocolis à l'ail et du pain blanc.
9. Accompagnez d'un vin rosé demi-sec.

Bue Bollito alla Diavolo

Bœuf bouilli à la diable

Ingrédients pour 4 personnes

1 kg de gîte dans la noix
1 bouquet garni composé de :
2 carottes, 2 petits poireaux,
2 branches de céleri, 2 morceaux de chou-fleur,
2 feuilles de laurier
1 bouquet de romarin,
Quelques grains de genièvre,
Quelques grains de poivre,
1 cuillerée à soupe de sel

Pour la sauce :

2 oignons
50 g de beurre ou de margarine
200 g de viande hachée (mélange de porc et de bœuf)
1 tasse à déjeuner de sangrita
25 cl de sauce tomate
1 petit piment
1 bouquet de thym
2 gousses d'ail
1 pincée de sel
1 pointe de poivre noir
1 pincée de piment de Cayenne

En plus :

4 cuillerées à soupe de moutarde
50 g de beurre
1 tasse à déjeuner de chapelure

Mode de préparation :

1. Faites chauffer deux litres d'eau dans une marmite. Mettez-y la viande, les légumes et les épices, à cuire à feu moyen pendant deux heures.
2. Retirez la viande, laissez-la refroidir et coupez-la en tranches épaisses.
3. Pour la sauce, coupez les oignons en petits dés, faites chauffer le beurre dans une casserole et mettez-y la viande hachée à dorer. Ajoutez les oignons et faites revenir rapidement.
4. Mouillez avec la sangrita et la sauce tomate. Incorporez le piment haché finement, le thym et l'ail. Salez, poivrez et saupoudrez de piment de Cayenne. Couvrez et laissez mijoter à feu moyen 15 minutes.
5. Enduisez les tranches de viande de moutarde et de beurre fondu, roulez-les dans la chapelure, posez-les sur le gril chauffé au préalable et faites bien dorer des deux côtés.
6. Servez à part la sauce à la viande hachée.

Bistecca alla Pizzaiola

Biftecks à la pizzaiola

Ingrédients pour 4 personnes

4 tranches de rumsteck de 200 g chacune
1 verre d'huile
4 gousses d'ail
1 oignon
1 jus de citron
1 verre de vin blanc
750 g de tomates
1 bouquet de basilic
1/2 cuillerée à café de sel
1/2 cuillerée à café de poivre blanc

Mode de préparation :

1. Faites cuire les biftecks dans l'huile très chaude suivant le degré de cuisson souhaité. Retirez et réservez sur un plat tenu au chaud.
2. Dans la graisse de cuisson faites revenir rapidement les gousses d'ail finement hachées et l'oignon coupé en petits dés, qui doit fondre mais sans dorer. Mouillez avec le jus de citron et le vin blanc et faites réduire.
3. Pelez, épépinez et coupez en petits dés les tomates, ajoutez-les aux oignons et faites revenir rapidement. Incorporez le basilic haché, salez et poivrez.
4. Salez et poivrez les biftecks, nappez-les avec la sauce et servez aussitôt.
5. Accompagnez de pâtes cuites «al dente» et de courgettes au beurre.

Brasato di Manzo alla Giardiniera

Rôti de bœuf farci à la jardinière

Ingrédients pour 4 personnes

1 kg de bœuf dans l'aiguillette (faites-y tailler une poche par votre boucher)
2 cuillerées à soupe de moutarde pas trop forte
1 oignon
2 carottes
1 petit morceau de céleri
100 g de jambon cru
1 gousse d'ail
1 tasse à déjeuner de fromage râpé (bel paese)
2 œufs
1 bouquet de persil
1/4 cuillerée à café de sel
1/4 cuillerée à café de poivre noir
1 cuillerée à café de muscade
1/2 tasse à déjeuner environ de farine
1/2 verre d'huile
1 verre de vin rouge
25 cl de bouillon
1 boîte de tomates pelées

Mode de préparation :

1. Posez la viande de bœuf sur un plan de travail, salez, poivrez et enduisez la poche de moutarde.
2. Épluchez et lavez les légumes et coupez-les en très petits dés.
3. Coupez le jambon en petits cubes, hachez l'ail finement. Mélangez le tout dans une terrine en ajoutant le fromage, les œufs et le persil haché.
4. Salez, poivrez, ajoutez la muscade et remplissez la poche de cette farce. Fermez, cousez et roulez la viande dans la farine.
5. Faites chauffer l'huile dans une cocotte et mettez-y le rôti à dorer sur tous les côtés.

Mouillez avec le vin rouge et le bouillon.
6. Passez les tomates au tamis et ajoutez-les dans la sauce. Couvrez et laissez mijoter environ deux heures à feu moyen.
7. Au moment de servir vérifiez l'assaisonnement de la sauce.
8. Accompagnez de légumes cuits à l'étuvée et de spaghetti cuits «al dente».

Spiedini di Maiale

Brochettes de porc

Ingrédients pour 4 personnes

600 g de filet de porc
2 oignons
2 poivrons (1 rouge et 1 vert)
100 g de jambon de Parme (coupé en tranches)
1 verre d'huile d'olive
1 cuillerée à soupe de basilic
1 cuillerée à soupe d'origan
2 gousses d'ail
1 cuillerée à café de sel
1/2 cuillerée à café de poivre noir
1/2 tasse à déjeuner de parmesan

Mode de préparation :

1. Coupez la viande en cubes de trois centimètres de côté.
2. Épluchez les oignons et les poivrons et coupez-les également en cubes.
3. Enfilez les cubes de viande sur quatre brochettes en intercalant les légumes et le jambon.
4. Mélangez l'huile avec les herbes et les gousses d'ail pilées avec du sel, poivrez.

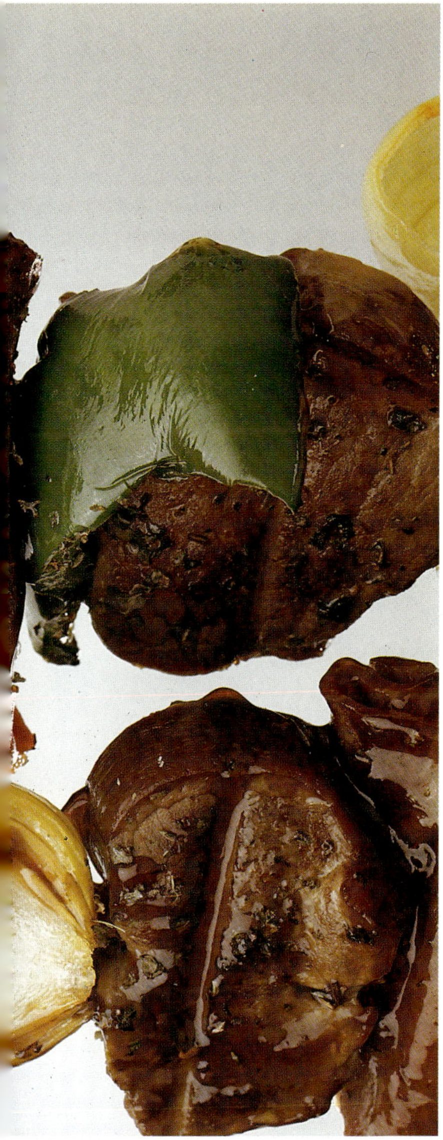

5. Badigeonnez uniformément les brochettes de cette préparation et laissez mariner pendant environ une heure.
6. Faites cuire à la poêle ou au gril environ dix à quinze minutes.
7. Au moment de servir saupoudrez légèrement de parmesan.
8. Accompagnez de pain à l'ail grillé (bruschetta) et d'une salade mixte à la sauce vinaigrette.

Arrosto di Maiale al Latte

Rôti de porc au lait

Ingrédients pour 4 personnes

1 kg de filet de porc
1 bouquet de romarin
2 gousses d'ail
1 cuillerée à café de sel
1/2 cuillerée à café de poivre noir
1 cuillerée à café de grains de coriandre concassés
1/2 verre d'huile d'olive
1 litre de lait
Quelques feuilles de sauge
200 g de champignons de Paris

Mode de préparation :

1. Lavez la viande à l'eau courante et essuyez. Piquez-la avec les branches de romarin et l'ail coupé en lamelles.
2. Ficelez le rôti pour qu'il garde sa forme pendant la cuisson. Salez, poivrez et enduisez généreusement de coriandre.
3. Faites chauffer l'huile dans une cocotte et mettez-y la viande à dorer de part et d'autre.
4. Pendant ce temps faites chauffer le lait.
5. Quand la viande a pris une belle couleur dorée, mouillez avec le lait chaud et ajoutez les feuilles de sauge.
6. Couvrez la cocotte et laissez cuire à feu moyen pendant environ 75 à 80 minutes. Il faut remuer souvent la sauce pour éviter qu'elle attache.
7. En fin de cuisson, retirez la viande et réservez au chaud.
8. Lavez et coupez en morceaux les champignons et mettez-les dans la sauce.
9. Ensuite faites réduire la sauce en remuant sans cesse pour qu'elle devienne bien épaisse. Salez et poivrez.
10. Dressez la viande découpée en tranches dans un plat chaud et arrosez avec la sauce.
11. Servez avec du fenouil gratiné et des pommes de terre sautées au beurre.

Il Consiglio

Lorsque vous achetez de la viande de porc, faites bien attention à sa qualité. Elle ne doit pas être trop grasse, mais juteuse, sillonnée de petits filets de graisse et sa couleur doit être rose pâle. La graisse doit être presque blanche. Si la viande provient d'animaux plus âgés, elle est rouge foncé et plus sèche. Elle doit être consommée fraîche.

Braciole di Maiale alla Gustatore

Côtelettes de porc des gourmets

Ingrédients pour 4 personnes

4 côtes de porc de 200 g chacune
1/2 tasse à déjeuner environ de farine
1/2 verre d'huile d'olive
2 oignons
25 cl de vin blanc
25 cl de bouillon
1 boîte de tomates pelées
2 gousses d'ail
1 bouquet d'origan
100 g de jambon blanc
1 boîte de petits pois
1 pincée de sel
1 pincée de poivre
1 pincée de sucre
1 pincée de muscade
1 tasse à déjeuner de parmesan râpé

Mode de préparation :

1. Salez, poivrez et farinez les côtes.
2. Faites chauffer l'huile dans une sauteuse et mettez-y les côtes à dorer des deux côtés.
3. Ajoutez les oignons émincés et faites revenir rapidement. Mouillez avec le vin blanc et le bouillon.
4. Passez les tomates pelées au tamis sur la viande. Ajoutez les gousses d'ail et l'origan hachés.
5. Couvrez et laissez mijoter environ 40 minutes à feu moyen.
6. Ensuite incorporez le jambon coupé en fines lamelles et les petits pois égouttés, faites réchauffer, salez, poivrez, sucrez et saupoudrez de muscade.
7. Dressez les côtes sur un plat chaud, arrosez avec la sauce et saupoudrez de parmesan.
8. Accompagnez d'épinards en branches, au beurre et aromatisés à l'ail, et de pommes de terre en papillotes.
9. Comme boisson servez un vin rosé sec.

Le Consiglio

Si vous êtes pressé il est préférable de ne pas faire mijoter les côtes, mais de les faire cuire à la poêle et de préparer la sauce à part.

Quadrello Marinato

Grillades de porc marinées

Ingrédients pour 4 personnes

4 grillades dans le collet ou l'échine de 250 g chacune
25 cl d'huile d'olive
1 piment
4 gousses d'ail
1 cuillerée à soupe de sel
1 cuillerée à soupe de zestes de citron râpés
1/2 bouquet de basilic
1/2 bouquet d'origan
1 cuillerée à café de paprika
1 cuillerée à café de poivre concassé

Mode de préparation :

1. Lavez la viande à l'eau courante et essuyez.
2. Faites chauffer l'huile dans une casserole et ajoutez le piment haché, les gousses d'ail pilées et mélangées au sel, les zestes de citron, les herbes émiettées, le paprika et le poivre.
3. Retirez immédiatement l'huile du feu et laissez-la refroidir.
4. Mettez la viande dans un récipient adéquat et arrosez avec l'huile aromatisée.
5. Laissez mariner au moins deux jours dans un endroit frais ou dans le réfrigérateur.
6. Ensuite retirez la viande et faites-la cuire à la poêle ou au gril.
7. Servez avec une salade mixte et du pain blanc grillé.

Les poissons

La situation géographique de l'Italie explique que les Italiens soient devenus des maîtres dans l'art de préparer les poissons et les fruits de mer. Qui a été initié, ne serait-ce qu'une fois, au secret de ce art, s'y adonnera pour toujours.

Persico alla Livornese

Dorades à la Livournaise

Ingrédients pour 4 personnes

4 petits bars de 300 g chacun
1 cuillerée à café de sel
1/2 cuillerée à café de poivre blanc
1 jus de citron
Quelques gouttes de Worcester sauce
1 bouquet d'estragon
1 tasse à déjeuner environ de farine

Pour la sauce :

2 cuillerées à soupe d'huile d'olive
1 botte de petits oignons blancs
100 g de jambon blanc
1 petit piment
100 g d'olives vertes et noires
1 petit flacon de câpres
2 cuillerée s à soupe de concentré de tomate
1 verre de vin blanc
1 verre de bouillon
1 bouquet de persil
Sel, poivre

Mode de préparation :

1. Salez et poivrez les bars apprêtés, puis passez-les dans le jus de citron et dans la Worcester sauce. Remplissez de quelques branches d'estragon et farinez.
2. Faites cuire dans de l'huile ou au gril environ quinze minutes.
3. Pendant ce temps, faites chauffer l'huile prévue pour la sauce dans une poêle, ajoutez les petits oignons blancs épluchés ` et coupés en rondelles et faites-les fondre sans dorer.
4. Ajoutez le jambon coupé en petits dés, le piment haché, les olives dénoyautées et coupées en quatre et les câpres et faites revenir rapidement le tout. Mouillez avec le vin blanc, le bouillon et le concentré de tomate. Salez et poivrez. Parsemez de persil haché.
5. Dressez les bars sur un plat chaud, nappez avec la sauce aux olives.
6. Accompagnez de bettes cuites à l'étuvée et de pommes de terre à l'anglaise.

Calamari in Umido

Calamars en sauce

Ingrédients pour 4 personnes

600 g de calamars apprêtés
2 oignons
2 gousses d'ail
4 cuillerées à soupe d'huile d'olive
1 petite boîte de tomates pelées
100 g d'olives vertes farcies
1 petit flacon de câpres
50 cl de bouillon
1 verre de vin blanc
1 cuillerée à café de sel
1/2 cuillerée à café de poivre moulu
1 pincée de sucre
4 tomates
1 bouquet d'estragon

Mode de préparation :

1. Coupez en petits morceaux les calamars apprêtés. Émincez les oignons et l'ail.
2. Faites chauffer l'huile dans une casserole et faites-y saisir les calamars. Ajoutez les oignons et l'ail et faites revenir rapidement.
3. Passez les tomates en conserve au tamis sur les calamars. Ajoutez les olives et les câpres et mouillez avec le bouillon et le vin blanc.
4. Salez, poivrez et saupoudrez de sucre, puis couvrez et laissez mijoter une heure à feu moyen.
5. Ensuite incorporez les tomates pelées, épépinées et coupées en dés. Parsemez la sauce d'estragon haché, faites reprendre l'ébullition et servez.
6. Accompagnez de macaroni cuits «al dente» et de cœurs d'artichaut gratinés.

Calamari Dorati

Friture de cuisses de grenouilles

Ingrédients pour 4 personnes

32 cuisses de grenouille préparées
1 cuillerée à café de sel
1/2 cuillerée à café de poivre blanc
1 bouquet de citronnelle
1 tasse à déjeuner de chapelure
2 œufs
1 tasse à déjeuner environ de farine
Huile pour friture

En plus :

50 g de beurre ou de margarine
2 oignons
2 carottes
1 courgette
1 verre de vin blanc
1 tasse à déjeuner de crème fraîche
4 tomates
1 bouquet d'origan
1 pincée de sucre
1/2 tasse à déjeuner de fromage râpé (mozzarella)

Mode de préparation :

1. Lavez les cuisses de grenouilles à l'eau courante, épongez. Salez et poivrez légèrement.
2. Mélangez la citronnelle hachée avec la chapelure.
3. Roulez les cuisses de grenouilles d'abord dans la farine, puis dans les œufs battus et ensuite dans la chapelure.
4. Plongez-les dans l'huile chaude et faites cuire. Réservez au chaud.
5. Faites chauffer le beurre dans une casserole. Ajoutez les légumes épluchés, lavés et coupés en très petits morceaux

et faites revenir rapidement. Mouillez avec le vin blanc et la crème fraîche.
6. Laissez cuire dix minutes à feu moyen. Incorporez les tomates pelées, épépinées et coupées en dés, ainsi que l'origan haché. Assaisonnez de sel, de poivre et de sucre et saupoudrez de fromage râpé.
7. Accompagnez les cuisses de grenouille de cette sauce aux légumes. Servez avec un risotto aux herbes et une salade mixte.

Il Consiglio

Les cuisses de grenouille fraîches sont vendues dans le commerce du mois d'avril au mois d'octobre. Elles sont présentées en brochettes, à raison de 12 sur chacune. Surgelées, on les trouve toute l'année et de la meilleure qualité.

Stufato di Pesce alla Genovese

Marmite du pêcheur à la Génoise

Ingrédients pour 4 personnes

1,5 kg de poissons et fruits de mer assortis (sèches, langoustines, crevettes, moules, saumon, maquereaux, etc.)
4 cuillerées à soupe d'huile d'olive
2 oignons
1 poireau
4 gousses d'ail
1 petit verre de filets d'anchois salés
25 cl de vin blanc
1 boîte de tomates pelées
50 cl de bouillon
100 g de noix
1/2 cuillerée à café de sel
1/2 cuillerée à café de poivre noir
2 feuilles de laurier

Mode de préparation :

1. Préparez, lavez et essuyez les poissons et les fruits de mer.
2. Levez les filets des poissons que vous couperez en gros morceaux.
3. Faites chauffer l'huile dans une marmite, ajoutez les oignons coupés en rondelles ainsi que le poireau et faites revenir sans qu'ils colorent. Incorporez l'ail et les filets d'anchois hachés. Mouillez avec le vin blanc.
4. Passez les tomates pelées au tamis dans la marmite et versez

le bouillon. Ajoutez les noix pilées et les feuilles de laurier, salez et poivrez.
5. Portez à ébullition et mettez les poissons et fruits de mer. Faites cuire environ vingt minutes à feu moyen, rectifiez l'assaisonnement si nécessaire et servez dans la marmite de cuisson.
6. Accompagnez seulement de pain grillé.

Orate Fritte con Porcini

Dorades rôties aux cèpes

Ingrédients pour 4 personnes

2 dorades de 500 g chacune
1 cuillerée à café de sel
1/2 cuillerée à café de poivre blanc
2 jus de citrons
1 bouquet de persil

En plus :

50 g de beurre ou de margarine
2 oignons
400 g de cèpes
1 cuillerée à soupe de moutarde pas trop forte
1 cuillerée à soupe de concentré de tomate
1 cuil. à soupe de thym
1 verre de vin blanc
1 verre de bouillon
1 tasse à déjeuner de crème fraîche

Il Consiglio

Pour les sauces au jus de citron, les Italiens utilisent volontiers les limettes ou citrons verts. Il s'agit d'un agrume à la peau verte très fine. Sa chair a un goût plus intense que celle du citron jaune. Dans les salades, on ajoute également son zeste, coupé très finement.

Mode de préparation :

1. Faites apprêter les dorades par le poissonnier. Lavez-les à l'eau courante et séchez, salez, poivrez, arrosez de jus de citron, parsemez de persil haché.
2. Faites chauffer le beurre dans un plat à gratin et mettez-y à fondre les oignons émincés.
3. Nettoyez les cèpes, coupez-les en tranches, ajoutez aux oignons et mouillez avec le vin blanc et le bouillon. Posez les poissons par dessus et mettez à four moyen préchauffé (thermostat 6) pendant près de vingt minutes.
4. Retirez les poissons du plat et réservez au chaud.
5. Incorporez aux cèpes la moutarde, le concentré de tomate et le thym. Versez la crème fraîche et faites réchauffer pour lier la sauce. Assaisonnez de sel et de poivre.
6. Dressez les dorades sur un plat chaud et servez avec la sauce.
7. Accompagnez d'un risotto au jambon et aux petits pois et d'une salade verte assaisonnée au jus de citron.

Pesce di Mare con Crema di Pomodoro

Poissons de mer grillés à la crème de tomate

Ingrédients pour 4 personnes

1,2 kg de poissons de mer (merlan, cabillaud ou sole)
1 cuillerée à café de sel
1/2 cuillerée à café de poivre blanc
1 jus de citron
1 bouquet de persil
50 g de beurre ou de margarine

Pour la sauce :

1/2 verre de vin blanc
1 cuillerée à soupe de concentré de tomate
1 jus de citron
4 jaunes d'œufs
200 g de beurre ou de margarine
1 bouquet d'estragon
Quelques gouttes de la liqueur sambuca molinari

Mode de préparation :

1. Lavez les poissons apprêtés à l'eau courante, séchez, salez et poivrez, arrosez de jus de citron et glissez le persil à l'intérieur.
2. Badigeonnez-les de beurre fondu et passez au gril pendant environ 20 à 25 minutes.
3. Pendant ce temps mélangez dans une casserole le vin blanc, le concentré de tomate, le jus de citron et les jaunes d'œufs. Faites chauffer le tout au bain-marie ou directement sur le feu en fouettant jusqu'à l'obtention d'une crème onctueuse.
4. Incorporez précautionneusement et au goutte à goutte le beurre fondu et tiède.
5. Ajoutez l'estragon haché, salez ; poivrez et aromatisez au sambuca. Servez les poissons grillés accompagnés de cette crème.
6. Accompagnez de pommes de terre à l'anglaise.

Scombro agli Odori

Maquereaux aux herbes

Ingrédients pour 4 personnes

4 maquereaux de 300 g
1 cuillerée à café de sel
1/2 cuillerée à café de poivre blanc
2 jus de citrons
Quelques gouttes de Worcester sauce
1 bouquet de persil
1 verre d'huile
1 cuillerée à soupe d'origan
1 cuillerée à soupe de basilic
1 cuillerée à soupe de thym
2 gousses d'ail

Mode de préparation :

1. Lavez les maquereaux préparés par le poissonnier à l'eau courante, séchez, salez et poivrez, arrosez de jus de citron et de Worcester sauce et laissez mariner une demie heure.
2. Triez le persil et glissez-le à l'intérieur des maquereaux.
3. Mélangez l'huile avec les herbes et avec les gousses d'ail pilées avec du sel.
4. Ciselez les poissons à plusieurs endroits avec la pointe d'un couteau.
5. Enduisez-les de la marinade. Faites cuire au four ou au gril et servez aussitôt.
6. Accompagnez d'une baguette et d'une salade mixte à la sauce vinaigrette.

Il Consiglio

Parmi les combustibles utilisés pour les feux de barbecue, accordez votre préférence à ceux qui, mis à part la chaleur, dégagent aussi un parfum aromatique. Les bois peu résineux s'y prêtent, et spécialement les bois d'arbres fruitiers.

Terrina di Pesce e Verdure

Terrine de poissons aux légumes

Ingrédients pour 4 personnes

500 g de filets de cabillaud
1 verre de vin rosé
1 oignon
2 carottes
1 courgette
1 petit pied de céleri
2 poivrons (1 rouge et 1 vert)
50 g de beurre ou de margarine
1 boîte de tomates pelées
75 cl de bouillon
2 gousses d'ail
4 cuillerées à soupe de raisins secs
1 bouquet de basilic
1/2 cuillerée à café de sel
1/2 cuillerée à café de poivre blanc
1 pincée de sucre
Quelques gouttes de madère
1/2 tasse à déjeuner de parmesan

Mode de préparation :

1. Lavez les filets de poisson à l'eau courante, séchez, coupez en cubes de 2 cm d'épaisseur et faites mariner dans le vin rosé.
2. Épluchez les légumes, lavez et coupez en petits dés.
3. Faites chauffer le beurre dans une casserole et faites-y revenir les légumes.
4. Passez les tomates pelées au tamis sur les légumes et mouillez avec le bouillon.
5. Incorporez l'ail finement haché, les raisins secs et le basilic émietté, salez, poivrez et sucrez, aromatisez au madère et laissez cuire à feu moyen environ vingt minutes.
6. Ajoutez les morceaux de cabillaud avec le vin rosé et prolongez la cuisson de cinq minutes.
7. Vérifiez l'assaisonnement et servez saupoudré de Parmesan.

Trota al Cartoccio

Truites en papillote

Ingrédients pour 4 personnes

4 truites apprêtées de 300 g chacune
1 cuillerée à café de sel
1/2 cuillerée à café de poivre blanc
2 jus de citrons
1 bouquet de persil

En plus :

50 g de beurre ou de margarine
1 oignon
250 g de champignons de Paris
4 tomates
1 bouquet de thym
1 verre de Martini blanc sec
Papier d'aluminium

Mode de préparation :

1. Lavez les truites à l'eau courante, séchez, salez et poivrez, arrosez de jus de citron et glissez les branches de persil à l'intérieur.
2. Faites chauffer le beurre dans une sauteuse, mettez-y l'oignon émincé et faites revenir. Ajoutez les champignons lavés et coupés en morceaux et faites-les sauter.
3. Pelez les tomates, épépinez et coupez en dés et incorporez-les aux champignons en même temps que le thym émietté. Salez et poivrez.
4. Étalez quatre feuilles d'aluminium suffisamment grandes sur un plan de travail. Posez-y les truites et recouvrez-les de la préparation aux champignons. Arrosez chaque truite d'un peu de Martini blanc sec.
5. Refermez les feuilles d'aluminium. Mettez au four, chauffé au préalable (thermostat 6), et laisser cuire environ vingt minutes.
6. Accompagnez de pommes de terre à l'anglaise et de petits pois au jambon.

Sogliole alla Palermitana

Filets de sole à la Palermitaine

Ingrédients pour 4 personnes

4 filets de sole de 250 g chacun
1/2 cuillerée à café de sel
1/2 cuillerée à café de poivre blanc
2 jus de citrons

Quelques gouttes de Worcester sauce
1 tasse à déjeuner environ de farine
Un peu d'huile d'olive pour l a cuisson
2 oignons
1 petit pied de céleri
50 g de raisins secs
50 g de pignons de pin
1 verre de vinaigre
25 cl de bouillon
1 pincée de sel
1 pincée de poivre blanc
1 pincée de sucre
1 pincée de muscade
1 bouquet de persil

Mode de préparation :

1. Lavez les filets de sole à l'eau courante et séchez. Salez, poivrez et laissez mariner dans le jus de citron et la Worcester sauce.
2. Farinez et faites-les cuire dans l'huile d'olive en veillant à ce qu'ils soient bien dorés, retirez et réservez au chaud.
3. Dans l'huile de cuisson, faites revenir les oignons émincés et le céleri coupé en petits dés. Ajoutez les raisins secs et les pignons de pin. Mouillez avec le vinaigre et le bouillon. Assaisonnez avec le sel, le poivre, le sucre et la muscade.
4. Laissez cuire dix minutes à feu doux.
5. Versez sur les filets de sole, parsemez de persil et servez.
6. Accompagnez de pommes de terre sautées et de haricots verts aromatisés au thym.

Anguilla alla Pescatora

Anguille de pêcheur

Ingrédients pour 4 personnes

4 tronçons d'anguille préparés de 250 g chacun
1 cuillerée à café de sel
1/2 cuillerée à café de poivre blanc
2 jus de citrons
Quelques gouttes de Worcester sauce
50 g de beurre ou de margarine
2 gousses d'ail
2 oignons
2 carottes
1 branche de céleri
1 verre de vin blanc
1 verre de bouillon
1/2 tasse à déjeuner de crème fraîche
1 bouquet de citronnelle
1 bouquet de persil

Mode de préparation :

1. Salez et poivrez les tronçons d'anguille et laissez mariner dans le mélange de jus de citron et de Worcester sauce.
2. Faites chauffer le beurre dans une sauteuse et mettez-y les tronçons d'anguille. Faites dorer de tous les côtés, retirez et réservez au chaud.
3. Dans la graisse de cuisson, faites revenir les gousses d'ail très finement hachées et les légumes coupés en petits dés. Mouillez avec le vin blanc, le bouillon et la crème fraîche.
4. Ajoutez la citronnelle hachée, salez et poivrez.
5. Incorporez les tronçons d'anguille et faites cuire à four moyen (thermostat 7) pendant quinze minutes, sans couvrir la sauteuse.
6. Saupoudrez de persil haché et servez.
7. Accompagnez de chou-fleur gratiné et de pommes de terre à l'anglaise parsemées de persil.

Il Consiglio

Si les anguilles sont encore vivantes, tranchez leur l'arête dorsale directement derrière la tête et coupez-leur la queue. Suspendez-les par la tête, incisez la peau tout autour en dessous de la tête et dépouillez-les. Coupez les nageoires, abdominale et dorsale, à l'aide de ciseaux et videz.

Tonno allo Spiedo

Brochettes de thon

Ingrédients pour 4 personnes

8 tranches de thon de 120 g chacune
1 cuillerée à café de sel
1/2 cuillerée à café de poivre blanc
le jus de 2 citrons
1 bouquet de citronnelle
16 tranches fines de lard de poitrine
4 tomates
quelques feuilles de laurier
1 verre d'huile d'olive

Mode de préparation :

1. Salez et poivrez les tranches de thon et laissez-les mariner dans le jus de citron. Saupoudrez de citronnelle hachée.
2. Enfilez deux tranches de thon, quatre tranches de lard, deux moitiés de tomates et quelques feuilles de laurier sur chaque brochette.
3. Arrosez d'huile d'olive. Faites cuire au gril ou à la poêle environ quinze minutes.
4. Servez avec des quartiers de citron et du pain à l'ail grillé.
5. Accompagnez d'une salade mixte de saison.

Cozze dello Chef

Moules du chef

Ingrédients pour 4 personnes

1,5 litre de moules
50 cl d'eau
25 cl de vin blanc
1 oignon
Quelques clous de girofle
Quelques feuilles de laurier
1 cuillerée à café de sel
1 cuillerée à café de poivre blanc
1 pincée de sucre
2 jus de citrons
1 tasse à déjeuner de crème fraîche
2 cuillerées à soupe de farine
4 cl d'amaro siciliano

En plus :

1 tasse à déjeuner environ de farine
3 jaunes d'œufs
1 tasse à déjeuner de chapelure
Huile pour la friture
1 tasse à déjeuner de fromage râpé

Mode de préparation :

1. Brossez soigneusement les moules à l'eau courante.
2. Mettez l'eau, le vin et l'oignon piqué de clous de girofle et de feuilles de laurier dans une casserole et portez à ébullition.
3. Assaisonnez de sel, de poivre et de sucre et ajoutez le jus de citron.
4. Faites cuire une moitié des moules après l'autre dans ce court-bouillon, pendant dix minutes à chaque fois. Toutes les moules doivent être ouvertes.
5. Retirez les moules, égouttez et détachez la chair des coquilles.
6. Salez et poivrez la chair des moules et passez-les d'abord dans la farine puis dans les jaunes d'œufs battus et ensuite dans la chapelure.
7. Plongez les moules dans l'huile chaude et faites cuire jusqu'à ce qu'elles soient bien dorées et croustillantes.
8. Pendant ce temps faites réduire l'eau de cuisson des moules des deux tiers et passez-la au-dessus d'une petite casserole.
9. Malaxez la crème fraîche avec la farine et liez l'eau de cuisson avec cette pâte homogène.
10. Vérifiez l'assaisonnement et versez l'amaro siciliano.
11. Disposez les moules frites dans un plat à gratin préalablement beurré, saupoudrez de fromage râpé et faites gratiner au gril.
12. Dressez les moules sur un plat de présentation et servez la sauce à part.
13. Accompagnez de pâtes vertes au beurre et d'une salade d'endives au yaourt.

Merlano allo Zafferano

Merlans au safran

Ingrédients pour 4 personnes

4 filets de merlan de 200 g chacun
25 cl de vin blanc sec
25 cl de bouillon
1 oignon piqué de clous de girofle et de feuilles de laurier
1 jus de citron
Quelques branches de fenouil

Pour la sauce :

30 g de beurre
2 oignons
30 g de farine
1 tasse à déjeuner de crème fraîche
1/2 cuillerée à café de sel
1/4 de cuil. à café de poivre moulu
1 pincée de sucre et de safran

Mode de préparation :

1. Lavez les filets de merlan à l'eau courante et séchez.
2. Faites chauffer le vin blanc, le bouillon, l'oignon et le jus de citron dans une casserole.
3. Ajoutez les filets de merlan et faites pocher. Retirez-les quand ils sont cuits et réservez au chaud.
4. Faites chauffer le beurre dans une autre casserole pour y faire revenir les oignons émincés. Saupoudrez de farine, mouillez avec le court-bouillon, préalablement passé, et la crème fraîche et faites réduire pour obtenir une sauce onctueuse. Ajoutez le sel, le poivre, le sucre et le safran.
5. Dressez les filets de merlan sur un plat chaud, nappez-les avec la sauce, parsemez de fenouil fraîchement coupé et servez aussitôt.
6. Accompagnez de riz au beurre et de courgettes cuites au vin blanc et saupoudrez de persil.

Dentice al Pomodoro

Saint-pierre au jus de tomate

Ingrédients pour 4 personnes

1,2 kg de saint-pierre
1 cuillerée à café de sel
1/2 cuillerée à café de poivre blanc
2 jus de citrons
Quelques gouttes de Worcester sauce
1/2 verre d'huile d'olive
2 oignons
2 gousses d'ail
1 cuillerée à café de sel
1 verre de Martini rouge
1 boîte de tomates pelées
1 bouquet de basilic

Mode de préparation :

1. Salez et poivrez le saint-pierre apprêté et laissez mariner dans le jus de citron et la Worcester sauce.
2. Faites chauffer l'huile dans une cocotte et mettez-y le saint-pierre à dorer des deux côtés. Ajoutez les oignons émincés et les gousses d'ail pilées avec du sel et mouillez avec le Martini rouge.
3. Passez les tomates au tamis et incorporez-les au poisson. Parsemez la sauce de basilic haché, couvrez et laissez mijoter environ quinze minutes à feu très doux.
4. Dressez le poisson sur un plat chaud, vérifiez à nouveau l'assaisonnement de la sauce et versez-la sur le poisson.
5. Vous pouvez accompagner ce plat de différents légumes cuits à l'étuvée, par exemple courgettes, carottes, poireaux ou fenouil, et de riz sauté au beurre.

Gamberi alla Venezia

Écrevisses à la Vénitienne

Ingrédients pour 4 personnes

12 queues d'écrevisse assez grosses non décortiquées
2 oignons
2 tomates
4 cornichons
4 tranches de jambon cru

Pour le glaçage :

1/2 tasse à déjeuner de miel
4 cuillerées à soupe de concentré de tomate
2 cuillerées à soupe de vinaigre
1 gousse d'ail
1/2 cuillerée à café de sel
1/2 cuillerée à café de poivre blanc

Mode de préparation :

1. Lavez les écrevisses à l'eau courante et séchez. Coupez en deux les oignons et les tomates.
2. Enfilez sur chacune des quatre brochettes trois queues d'écrevisse, un demi-oignon, une demi-tomate, un cornichon et une tranche de jambon.
3. Mélangez le miel avec le concentré de tomate, le vinaigre et la gousse d'ail pilée avec du sel et poivrez légèrement. Enduisez les brochettes de cette préparation et laissez mariner une heure.
4. Faites cuire au gril ou à la poêle.
5. Servez avec une baguette de pain et un vin blanc léger.

Les volailles

Déjà au temps des Romains les tables des bons vivants étaient garnies de volailles de toutes sortes, et elles n'en manquent pas non plus dans la nouvelle cuisine italienne.

Scaloppine di Tacchino alla Cacciatora

Escalopes de dinde sautées chasseur

Ingrédients pour 4 personnes

4 escalopes de dinde de 200 g chacune
1/2 cuillerée à café de sel
1/2 cuillerée à café de poivre blanc
4 cuillerées à soupe d'huile d'olive
50 g de beurre ou de margarine
1 oignon
250 g de girolles
4 tomates
1 cuillerée à soupe de concentré de tomate
1 verre de vin blanc
1 tasse à déjeuner de crème fraîche
1 bouquet d'origan
1 pincée de sucre

Mode de préparation :

1. Salez et poivrez les escalopes. Faites cuire dans l'huile d'olive très chaude sur les deux faces pendant environ cinq minutes. Retirez et réservez au chaud.
2. Dans la même poêle faites fondre le beurre, ajoutez l'oignon émincé et faites revenir. Incorporez les girolles préalablement lavées et faites rissoler rapidement. Ajoutez les tomates pelées, épépinées et coupées en dés.
3. Délayez le concentré de tomate avec le vin blanc et versez dans la poêle. Incorporez la crème fraîche et faites épaissir la sauce.
4. Saupoudrez d'origan haché, assaisonnez de sel, de poivre et de sucre.
5. Nappez les escalopes de cette préparation et servez.
6. Accompagnez de cappelletti cuites « al dente » et d'une salade mixte.

Il Consiglio

Pour remplacer les girolles vous pouvez utiliser toutes sortes de champignons mélangés.

Scaloppine di Tacchino ai Funghi

Escalopes de dinde aux champignons

Ingrédients pour 4 personnes

4 escalopes de dinde de 200 g chacune
1/2 cuillerée à café de sel
1/2 cuillerée à café de poivre noir
1 tasse à déjeuner environ de farine
80 g de beurre ou de margarine
2 oignons
250 g de champignons de Paris
1 jus de citron
1 verre de vin blanc
1 tasse à déjeuner de crème fraîche
1 tasse à déjeuner de fromage râpé (stracchino)
1 pincée de muscade
1 bouquet de persil

Mode de préparation :

1. Salez et poivrez les escalopes, farinez et faites cuire dans le beurre chaud environ cinq minutes sur chaque face, retirez et réservez au chaud.
2. Dans le beurre de cuisson faites revenir les oignons émincés. Ajoutez les champignons nettoyés, lavés et coupés en morceaux et faites rissoler rapidement. Mouillez avec le jus de citron et le vin blanc, incorporez la crème fraîche et faites épaissir la sauce.
3. Versez le fromage râpé tout en tournant avec une cuillère en bois jusqu'à ce qu'il soit bien incorporé à la sauce.
4. Retirez du feu, salez, poivrez et ajoutez la muscade.
5. Nappez les escalopes de dinde de cette préparation, parsemez de persil haché et servez.
6. Accompagnez de croquettes et de petits pois au beurre.

Pollo della Domenica

Poulet du dimanche

Ingrédients pour 4 personnes

2 petits poulets avec gésiers et foies
1 oignon
4 cuillerées à soupe de beurre ou de margarine
100 g de jambon blanc
1 petite boîte de tomates pelées
150 g de chapelure
50 g de fromage de brebis râpé (pecorino)
50 g de raisins secs
2 œufs
1 cuillerée à café de zestes de citron râpés
1 cuillerée à soupe d'origan
1 gousse d'ail
1/2 cuillerée à café de sel
1/4 cuillerée à café de poivre blanc
80 g de beurre ou de margarine
1 cuillerée à café de paprika
25 cl de bouillon

Mode de préparation :

1. Salez et poivrez les poulets vidés et flambés, aussi bien à l'intérieur qu'à l'extérieur.
2. Hachez finement les gésiers et les foies bien lavés au préalable.
3. Faites fondre les quatre cuillerées de beurre ou de margarine dans une sauteuse et mettez-y gésiers et foies à dorer. Ajoutez l'oignon émincé et le jambon coupé en petits dés et faites revenir rapidement.
4. Passez les tomates pelées au tamis sur le jambon. Laissez refroidir.
5. Incorporez la chapelure, le fromage râpé, les raisins secs et les œufs et mélangez bien jusqu'à l'obtention d'une masse compacte.
6. Assaisonnez avec les zestes de citron râpés, l'origan, la gousse d'ail finement hachée, le sel et le poivre. Placez cette farce à l'intérieur des poulets et cousez.
7. Faites fondre le reste du beurre, délayez-y le paprika et enduisez les poulets de ce mélange.
8. Faites cuire au four ou au gril (thermostat 6) pendant environ 70 minutes.
9. Pendant la cuisson badigeonnez plusieurs fois les poulets avec le beurre fondu et arrosez-les de bouillon.
10. Servez avec des pommes de terre nouvelles sautées au beurre avec du romarin et une salade de tomates aux oignons.

Petti di Pollo con Lardo

Escalopes de poulet aux lardons

Ingrédients pour 4 personnes

4 escalopes de poulet
1/2 cuillerée à café de sel
1/4 cuillerée à café de poivre noir
1/2 verre d'huile d'olive
100 g de lard de poitrine fumé
1 oignon
2 poivrons (1 rouge et 1 vert)
1 boîte de tomates pelées
50 cl de bouillon
1/2 verre de vinaigre
2 gousses d'ail
1 bouquet d'origan
1 bouquet de basilic
1 pincée de sucre

Mode de préparation :

1. Salez et poivrez les escalopes de poulet. Dans l'huile d'olive très chaude faites dorer de tous les côtés, retirez et réservez au chaud.
2. Dans l'huile de cuisson faites rissoler le lard coupé en dés.
3. Épluchez l'oignon et les poivrons et coupez en cubes de 2 cm d'épaisseur. Ajoutez aux lardons et faites revenir rapidement.
4. Passez les tomates pelées au tamis sur ce mélange. Mouillez avec le bouillon et le vinaigre.
5. Incorporez l'ail et les herbes finement hachés. Salez, poivrez et sucrez. Mettez-y les escalopes de poulet, couvrez et laissez mijoter dix minutes à feu moyen.
6. Servez dans un plat chaud et nappez avec la sauce.
7. Accompagnez de macaroni cuits « al dente », et de bettes ou d'épinards cuits à l'étuvée.

Crème de Foie au Poivre vert
LEVER CREME MET GROENE PEPER
100g

Oca Brasata con Fichi

Oie rôtie aux figues

Ingrédients pour 4 personnes

1 jeune oie apprêtée de 2,5 kg environ
1 cuillerée à café de sel
1/2 cuillerée à café de poivre blanc
1 cuillerée à soupe de marjolaine
1 cuillerée à soupe de thym
1 verre de vinaigre
25 cl de vin rouge
1 oignon
2 carottes
1 petit pied de céleri
1 courgette
1 boîte de tomates pelées
25 cl de bouillon
1 cuillerée à café de marjolaine
1 cuillerée à café de thym
1 pincée de sucre
4 figues fraîches

Mode de préparation :

1. Lavez l'oie à l'eau courante, séchez, salez, poivrez et saupoudrez de marjolaine et de thym.
2. Versez le vinaigre dans un grand plat à feu et posez-y l'oie.
3. Mettez au four préalablement chauffé (thermostat 6) et faites cuire pendant 1 heure 30.
4. Pendant la cuisson arrosez plusieurs fois de vin rouge.
5. Entre-temps épluchez les légumes, lavez et coupez en petits morceaux. Ajoutez-les à l'oie ainsi que les tomates pelées et prolongez la cuisson de trente minutes.
6. Retirez l'oie, découpez-la et réservez au chaud.
7. Mouillez les légumes avec le bouillon. Aromatisez avec la marjolaine, le thym et le sucre.
8. Incorporez les figues épluchées et coupées en tranches et laissez cuire doucement cinq minutes supplémentaires.
9. Dressez les morceaux d'oie sur un plat chaud et servez-les entourés des légumes.
10. Accompagnez d'une polenta fraîche saupoudrée de fromage de brebis râpé (pecorino).

Il Consiglio

Il faut consommer les figues fraîches assez rapidement, car elles moisissent facilement. Si vous n'en trouvez pas, utilisez simplement des figues séchées. Mais comme celles-ci sont très sucrées, ajoutez à la sauce un peu de vinaigre aux fruits ou aux herbes.

Quaglie alla Bracconiera

Cailles à la braconnière

Ingrédients pour 4 personnes

8 cailles apprêtées
1 cuillerée à café de sel
1/2 cuillerée à café de poivre blanc
200 g d'échalotes
1 bouquet d'origan
1 bouquet de citronnelle
1 cuillerée à soupe de zestes de citron râpés
1/2 verre d'huile d'olive
12,5 cl de vin rouge
25 cl de bouillon
12,5 cl de crème liquide
3 cuillerée à soupe d'airelles

Mode de préparation :

1. Lavez les cailles à l'eau courante, séchez, salez et poivrez.
2. Mélangez les échalotes émincées avec les herbes hachées, les zestes de citron râpés et l'huile d'olive. Badigeonnez généreusement les cailles de cette marinade, aussi bien à l'intérieur qu'à l'extérieur.
3. Faites chauffer le reste de la marinade dans une cocotte et mettez-y les cailles à dorer. Mouillez avec le vin rouge, le bouillon et la crème liquide. Incorporez les airelles, salez et poivrez.
4. Laissez cuire les cailles encore quelques minutes.
5. Servez avec un risotto aux tomates et un vin rouge corsé.

Spiedini di Piccione

Brochettes de pigeonneaux

Ingrédients pour 4 personnes

4 pigeonneaux apprêtés
1/2 cuillerée à café de sel
1/4 cuillerée à café de poivre blanc
1 verre d'olives farcies
1/2 bouquet de sauge
1/2 bouquet d'estragon
1/2 verre d'huile d'olive
1 verre de vin blanc
2 jus de citrons

Mode de préparation :

1. Lavez les pigeonneaux à l'eau courante, essuyez, salez et poivrez à l'intérieur ainsi qu'à l'extérieur.
2. Hachez finement les olives. Préparez une marinade en les mélangeant avec les herbes hachées, l'huile d'olive, le vin blanc et le jus de citron.
3. Mettez les pigeons dans une terrine, arrosez avec la marinade et laissez macérer pendant au moins une nuit.
4. Retirez et enfilez sur des brochettes.
5. Faites cuire au gril ou au four (thermostat 3), pendant environ trente minutes.
6. Pendant la cuisson badigeonnez plusieurs fois avec la marinade.
7. Recueillez le jus de cuisson dans un plat à rôtir et versez-le sur les pigeons au moment de servir.

Le Consiglio

N'utiliser pour cette recette que des pigeonneaux très jeunes, car la chair des plus vieux, facilement coriace, doit subir une cuisson préalable dans un bouillon corsé avant d'être mise à mariner. Vérifiez l'assaisonnement du bouillon avant de servir.

Les pâtes

L'Italie est le pays de Cocagne des amateurs de pâtes. La cuisine italienne connaît plus de 100 variétés de pâtes sèches.

Rigatoni al Capitano

Rigatini façon capitaine

Ingrédients pour 4 personnes

1/4 de verre d'huile d'olive
1 oignon
2 poivrons (1 rouge et 1 jaune)
100 g d'olives noires dénoyautées
2 cuillerées à soupe de concentré de tomate
2 cuillerées à soupe de farine
1 verre de vin blanc
50 cl de bouillon
2 jus de citrons
1 cuil. à soupe de basilic
500 g de filets de poisson (cabillaud, turbot, etc.)
1/2 cuillerée à café de sel
1/4 cuillerée à café de poivre blanc
1 bouquet de fenouil
400 g de rigatini

Mode de préparation :

1. Faites chauffer l'huile d'olive dans une sauteuse. Mettez-y l'oignon et les poivrons coupés en petits dés et faites revenir.
2. Coupez les olives en quatre et ajoutez-les aux légumes. Incorporez le concentré de tomate et saupoudrez de farine.
3. Mouillez avec le vin blanc et le bouillon. Versez le jus de citron et parsemez de basilic, couvrez et laissez cuire dix minutes à feu doux.
4. Coupez les filets de poisson en cubes d'environ 2 cm d'épaisseur, mettez-les dans la sauce et faites cuire encore cinq minutes.
5. Assaisonnez la sauce de sel, de poivre et de fenouil finement haché.
6. Disposez les rigatini cuits «al dente» dans un plat creux chaud, nappez-les avec la sauce et servez.

Maccheroni con Pancetta e Besciamella

Macaroni aux lardons et à la béchamel

Ingrédients pour 4 personnes

50 g de beurre ou de margarine
2 oignons
150 g de lard de poitrine fumé
50 g de farine
50 cl de lait
1/2 cuillerée à café de sel
1/4 cuillerée à café de poivre blanc
1 pincée de muscade
1 cuillerée à café de thym
1 bouquet de persil
2 cuillerées à soupe de beurre
400 g de macaroni
1 tasse à déjeuner de fromage râpé (provolone)

Mode de préparation :

1. Faites chauffer le beurre dans une casserole et faites-y revenir les oignons émincés.
2. Ajoutez le lard coupé en petits dés et faites fondre.
3. Saupoudrez de farine, mouillez avec le lait et faites épaissir afin d'obtenir une sauce bien liée. Salez, poivrez et aromatisez avec la muscade et le thym.
4. Parsemez la sauce de persil finement haché.
5. Beurrez un plat à gratin. Disposez-y les macaroni cuits «al dente». Nappez avec la sauce béchamel. Saupoudrez de fromage râpé.
6. Faites gratiner au gril ou au four et servez.

Farfalle alla Boscaiola

Farfalles à la forestière

Ingrédients pour 4 personnes

1/2 verre d'huile d'olive
2 oignons
50 g de lard de poitrine fumé
100 g de jambon blanc
100 g de mortadelle
100 g de salami
1 petite boîte de poivrons en conserve
1 verre d'olives farcies
50 cl de sauce tomate
2 gousses d'ail
1 cuillerée à soupe de marjolaine
1 pointe de cumin moulu
1/4 cuillerée à café de sel
1/4 cuillerée à café de poivre moulu
1 bouquet de persil
400 g de farfalles
1 tasse à déjeuner de fromage râpé (bel paese)

Mode de préparation :

1. Faites chauffer l'huile d'olive dans une sauteuse et faites-y revenir les oignons émincés.
2. Faites fondre le lard coupé en petits dés.
3. Coupez le jambon, la mortadelle et le salami en petits cubes, ajoutez dans la sauteuse et faites rissoler rapidement.
4. Incorporez les poivrons égouttés et coupés en lamelles ainsi que les olives. Mouillez avec la sauce tomate.
5. Aromatisez avec les gousses d'ail finement hachées, la marjolaine et le cumin, salez et poivrez. Couvrez et laissez cuire environ cinq minutes à feu moyen.
6. Parsemez de persil finement haché.
7. Répartissez les farfalles cuites «al dente» dans quatre assiettes, nappez avec la sauce, saupoudrez de Bel Paese râpé et servez.

Cappelletti con Broccoli

Cappelletti aux brocolis

Ingrédients pour 4 personnes

1/2 verre d'huile d'olive
1 oignon
100 g de jambon blanc
1 boîte de tomates pelées
1 pot de crème fraîche
1 bouquet de basilic
4 cuillerées à soupe de raisins secs
2 cuillerées à soupe de pignons de pin
1 boîte de filets d'anchois salés
500 g de brocolis blanchis
1/2 cuillerée à café de sel
1/4 cuillerée à café de poivre blanc
1 pincée de sucre
300 g de cappelletti
1 tasse à déjeuner de fromage de brebis râpé (pecorino)

Mode de préparation :

1. Faites chauffer l'huile dans une sauteuse et faites-y revenir l'oignon émincé.
2. Ajoutez le jambon blanc coupé en cubes et faites rissoler rapidement.
3. Passez les tomates au tamis sur le jambon. Versez la crème fraîche.
4. Ajoutez à la sauce le basilic finement haché, les raisins secs, les pignons de pin et les filets d'anchois coupés en petits dés.
5. Incorporez délicatement les brocolis blanchis. Assaisonnez de sel, de poivre et de sucre.
6. Répartissez les cappelletti cuits «al dente» sur quatre assiettes. Nappez avec la sauce, saupoudrez de fromage de brebis râpé et servez.

Fettuccine alla Marinara

Nouilles à la marinière

Ingrédients pour 4 personnes

200 g de crevettes grises ou roses décortiquées
200 g de calamars apprêtés
100 g de jambon blanc
1/2 verre d'huile d'olive
2 oignons
1 carotte
1 branche de céleri
50 cl de sauce tomate
1 verre de vin rouge
2 gousses d'ail
1 bouquet de basilic
1 petit piment
1/2 cuillerée à café de sel
1/4 cuillerée à café de poivre blanc
400 g de nouilles

Mode de préparation :

1. Lavez les crevettes et les calamars à l'eau courante et séchez. Coupez le jambon en petits cubes.
2. Faites revenir l'huile d'olive dans une sauteuse et mettez-y le jambon à rissoler.
3. Épluchez les légumes, lavez et coupez en petits dés, ajoutez au jambon et faites revenir.
4. Mouillez avec la sauce tomate et le vin rouge, parsemez d'ail finement haché, couvrez et laissez cuire le tout environ trente minutes à feu doux.
5. Incorporez le basilic et le piment hachés. Salez et poivrez.
6. Versez cette sauce sur les nouilles cuites «al dente» et servez aussitôt.

Penne con Cozze e Panna

Pennes à la crème et aux moules

Ingrédients pour 4 personnes

50 g de beurre ou de margarine
2 oignons
500 g de moules décoquillées
2 cuillerées à soupe de farine
1 verre de vin blanc
1 verre de bouillon
1 pot de crème fraîche
4 tomates
1/2 cuillerée à café de sel
1/4 cuillerée à café de poivre blanc
1 pincée de sucre
1 bouquet de fenouil
400 g de pennes

Mode de préparation :

1. Faites chauffer le beurre dans une casserole et faites-y revenir les oignons émincés.
2. Égouttez les moules décoquillées, ajoutez aux oignons et saupoudrez de farine.
3. Mouillez avec le vin blanc, le bouillon et la crème fraîche et faites cuire jusqu'à l'obtention d'une sauce bien liée.
4. Incorporez les tomates pelées, épépinées et coupées en dés. Assaisonnez de sel, de poivre et de sucre.
5. Ajoutez le fenouil finement haché et les pennes cuites «al dente» et mélangez bien avec la sauce.
6. Répartissez sur quatre assiettes et servez.

Ravioli con Funghi

Ravioli aux champignons

Ingrédients pour 4 personnes

50 g de beurre ou de margarine
1 oignon
200 g de champignons de Paris
200 g de jambon de Parme
2 jus de citrons
1 verre de vin blanc
1 pot de crème fraîche
1/2 cuillerée à café de sel
1/4 cuillerée à café de poivre blanc
300 g de ravioli
1 bouquet de persil

Mode de préparation :

1. Faites chauffer le beurre dans une sauteuse et faites-y revenir l'oignon émincé.
2. Coupez le jambon en fines lamelles, ajoutez à l'oignon et faites rissoler rapidement.
3. Lavez les champignons, coupez-les en tranches fines et mettez-les également à rissoler dans la sauteuse.
4. Mouillez avec le jus de citron, le vin blanc et la crème fraîche. Salez et poivrez.
5. Incorporez les ravioli cuits «al dente» à la sauce et mélangez bien.
6. Versez dans un plat chaud, parsemez de persil haché et servez.

Il Consiglio

Cette recette doit sa saveur au goût très fin du jambon de Parme. Ce dernier est originaire de la province Emilia Romagnia, où on le fait sécher pendant environ quinze mois dans de hautes maisons aérées. Ce jambon est maigre, légèrement salé et agréablement épicé.

Tortellini Verdi alla Siciliana

Tortellini verts à la Sicilienne

Ingrédients pour 4 personnes

1/2 verre d'huile d'olive
100 g de lard de poitrine fumé
1 oignon
1 carotte
1 aubergine
1 courgette
150 g de champignons de Paris
1 verre de vin blanc
1 verre de fond de sauce pour rôtis
1 boîte de tomates pelées
1 tasse à déjeuner de crème fraîche
2 gousses d'ail
1 cuillerée à café de zestes de citron râpés
1 bouquet de thym
1 bouquet d'origan
1/2 cuillerée à café de sel
1/4 cuillerée à café de poivre blanc
300 g de tortellini vertes

Mode de préparation :

1. Faites chauffer l'huile d'olive dans une sauteuse et mettez-y à fondre le lard coupé en petits dés.
2. Épluchez les légumes, lavez-les et coupez-les en très petits cubes, ajoutez-les au lard et faites-les revenir.
3. Incorporez les champignons lavés et détaillés en morceaux et faites-les revenir également. Mouillez avec le vin blanc et le fond de sauce.
4. Passez les tomates pelées au tamis sur les légumes. Versez la crème fraîche et mélangez.
5. Aromatisez avec les gousses d'ail et les herbes finement hachées et les zestes de citron râpés. Salez et poivrez.
6. Couvrez et laissez mijoter la sauce environ trente minutes à feu moyen.
7. Faites cuire les tortellini «al dente».
7. Présentez les tortellini dans un plat chaud, nappez avec la sauce et servez.

Maccheroni con Quattro Formaggi

Macaroni aux quatre fromages

Ingrédients pour 4 personnes

50 g de beurre ou de margarine
200 g de jambon blanc
1 verre de vin blanc
40 g de gorgonzola
40 g de parmesan
40 g de bel paese
40 g de pecorino
1 pot de crème fraîche
Quelques gouttes de cognac
1 pincée de sel
1 pincée de poivre blanc
400 g de macaroni
1 bouquet de persil

Mode de préparation :

1. Faites chauffer le beurre dans une casserole et faites-y revenir le jambon coupé en petits dés. Mouillez avec le vin blanc.
2. Ajoutez les différentes sortes de fromage râpé ainsi que la crème fraîche.
3. Faites cuire en remuant sans cesse jusqu'à l'obtention d'une sauce bien lisse. Aromatisez au cognac, salez et poivrez.
4. Incorporez les macaroni cuits «al dente» et mélangez le tout.
5. Versez les macaroni dans un plat chaud, parsemez de persil fraîchement haché et servez.

Lasagne Verdi alla Piemontese con Tartufi

Lasagnes vertes truffées à la Piémontaise

Ingrédients pour 4 personnes

1/2 verre d'huile d'olive
200 g de viande hachée (mélange de bœuf et de porc)
1 oignon
1 carotte
1 petite branche de céleri
2 cuillerées à soupe de farine
1 verre de vin rouge
1 boîte de tomates pelées
2 cuil. à soupe de concentré de tomate
1 gousse d'ail
1 feuille de laurier émiettée
1 cuillerée à soupe de basilic

Pour la sauce :

50 g de beurre
50 g de farine
50 cl de lait
1/2 cuil. à café de sel
1/4 de cuil. à café de poivre blanc
1 pincée de muscade

En plus :

350 g de lasagnes vertes
150 g de fromage râpé (fontina)
1 petite boîte de truffes en conserve

Mode de préparation :

1. Faites chauffer l'huile dans une sauteuse et mettez-y la viande hachée à dorer.
2. Épluchez les légumes, lavez-les et coupez-les en tout petits dés, ajoutez-les à la viande et faites revenir rapidement. Saupoudrez

de farine et mouillez avec le vin rouge.

3. Passez les tomates au tamis sur les légumes. Incorporez le concentré de tomate, la gousse d'ail finement hachée, la feuille de laurier émiettée et le basilic, salez et poivrez. Couvrez et laissez cuire environ vingt minutes à feu moyen.

4. Pour la sauce béchamel faites chauffer le beurre dans une petite casserole. Ajoutez la farine et mélangez. Mouillez avec le lait et faites cuire en remuant sans cesse jusqu'à l'obtention d'une sauce onctueuse,

5. Salez, poivrez et ajoutez la muscade.

6. Ensuite faites cuire «al dente» les rubans de lasagnes.

7. Recouvrez le fond d'un plat à feu de la sauce à la viande hachée, disposez dessus une couche de lasagnes et répartissez à nouveau de la sauce à la viande hachée.

8. Ensuite versez la sauce béchamel et recouvrez d'une couche de lasagnes. Répétez cette opération jusqu'à l'utilisation complète de tous les ingrédients, puis terminez par une couche de sauce à la viande hachée.

9. Parsemez de fromage râpé et de truffes émincées.

10. Faites gratiner au four ou au gril jusqu'à ce que le fromage ait pris une couleur bien dorée.

Cannelloni della Nonna

Cannelloni façon grand-mère

Ingrédients pour 4 personnes

Pour la farce :

1/2 verre d'huile d'olive
50 g de lard de poitrine
100 g de jambon blanc
200 g de viande hachée (mélange de bœuf et de porc)
1 oignon
1 courgette
1 aubergine
2 cuil. à soupe de concentré de tomate
500 g de tomates
1 verre de vin rouge
1/2 cuillerée à café de sel
1/4 cuillerée à café de poivre blanc
1/2 bouquet de basilic
100 g de mozzarella

En plus :

400 g de cannelloni
50 cl de sauce béchamel
1 tasse à déjeuner de sauce tomate
1 tasse à déjeuner de fromage râpé (provolone)

Mode de préparation :

1. Faites chauffer l'huile d'olive dans une sauteuse et mettez-y à fondre le lard de poitrine coupé en dés.
2. Ajoutez le jambon coupé en cubes et faites revenir rapidement.
3. Ajoutez la viande hachée et faites frire pendant cinq minutes.
4. Ajoutez les légumes épluchés, lavés et coupés en très petits morceaux et faites revenir rapidement. Incorporez le concentré de tomate.
5. Ajoutez les tomates pelées, épépinées et coupées en dés et mouillez avec le vin rouge. Assaisonnez de sel, de poivre et de basilic. Couvrez et laissez mijoter dix minutes à feu moyen.
6. Retirez du feu, incorporez la mozzarella coupé en petits cubes et laissez refroidir cette préparation.
7. Remplissez les cannelloni avec la farce.
8. Disposez les cannelloni côte à côte dans un plat à gratin beurré. Répartissez dessus le reste de la farce. Nappez avec la sauce béchamel. Versez la sauce tomate.
9. Parsemez de fromage râpé et mettez à four modéré (thermostat 6) pendant 25 à 30 minutes pour gratiner.

Il Consiglio

Pour faire les cannelloni vous-même, il vous faut étaler la pâte et la découper en rectangles de 8 cm sur 10, puis les faire cuire dans de l'eau bouillante salée. Retirez, égouttez et laissez refroidir. Ensuite seulement vous pourrez les remplir de farce.

Les garnitures

Encore peu répandus en France, le risotto, la polenta et les gnocchi ne manquent sur aucune carte de restaurant en Italie. On peut servir également ces garnitures en guise de plats principaux.

Polenta delle Dolomiti alla Burgl

Polenta des Dolomites façon Burgl

Ingrédients pour 4 personnes

50 cl de bouillon bien épicé
50 cl de lait
1 cuillerée à soupe d'huile
250 g de semoule de maïs grossièrement moulue
1 cuillerée à soupe de sel
1 pincée de sucre

En plus :

1 tasse à déjeuner de crème fraîche
Beurre ou margarine pour la cuisson

Mode de préparation :

1. Faites chauffer le bouillon, le lait et l'huile dans une casserole. Versez la semoule de maïs en remuant sans cesse. Assaisonnez de sel et de sucre.
2. Laisser gonfler la semoule de maïs en tournant sans arrêt. Attention, si vous ne tournez pas suffisamment, la polenta attache !
3. Après environ 50 minutes de cuisson, la polenta est prête.

Elle doit avoir la consistance d'une purée épaisse.
4. Si vous servez la polenta comme purée, incorporez la crème fraîche. Sinon étalez la purée sur une plaque de travail beurrée, aplatissez-la et coupez-la en tranches rectangulaires à l'aide d'une ficelle. Vous pouvez faire cuire ces tranches de polenta aussi bien à la poêle qu'au four ou au gril. Mais vous pouvez également farcir les tranches de polenta ou confectionner des boulettes.

Fritelle di Polenta alla Scherlini

Beignets de polenta façon scherlini

Ingrédients pour 4 personnes

1 cuillerée à soupe d'huile d'olive
100 g de lard de poitrine fumé
2 oignons
50 clde bouillon épicé
50 cl de jus de tomate
1 cuillerée à soupe de sel
1 pincée de sucre
275 g de semoule de maïs grossièrement moulue
1 bouquet de basilic
1 bouquet de persil
Huile pour la friture

Mode de préparation :

1. Faites chauffer l'huile dans une casserole et faites fondre le lard coupé en dés. Ajoutez les oignons émincés et faites revenir.
2. Mouillez avec le bouillon et le jus de tomate, assaisonnez de sel et de sucre, portez à ébullition et ajoutez les herbes finement hachées.
3. Versez la semoule de maïs en tournant sans arrêt et laissez gonfler. Attention, si vous ne tournez pas assez, la polenta attache !
4. Après cinquante minutes de cuisson, la polenta est prête ; elle doit avoir la consistance d'une purée épaisse.
5. Étalez la purée sur une plaque de travail beurrée, aplatissez et coupez en tranches à l'aide d'une ficelle.
6. Plongez les tranches de polenta dans l'huile chaude et faites cuire jusqu'à ce qu'elles soient bien dorées.
7. Servez chaud ou froid.

Le Consiglio

La polenta est un plat essentiel dans la cuisine italienne. Beaucoup de ménages possèdent une marmite spéciale réservée uniquement à sa préparation. Mais le plus important pour sa réussite est de tourner, tourner, tourner. Si la polenta attache, transvasez-la immédiatement dans une autre casserole.

Gnocchi di Patate con Basilico

Gnocchi de pommes de terre au basilic

Ingrédients pour 4 personnes

1 kg de pommes de terre cuites à l'eau
200 g de farine
1 cuillerée à café de sel
1 pincée de muscade
1/2 verre d'eau tiède

En plus :

50 cl de sauce tomate
2 cuillerées à soupe de beurre
1 bouquet de basilic
1/2 tasse à déjeuner de parmesan râpé

Mode de préparation :

1. Passez les pommes de terre cuites au tamis dans une terrine. Ajoutez la farine tamisée, le sel, la muscade et l'eau tiède. Pétrissez pour obtenir une pâte.
2. Sur un plan de travail fariné roulez la pâte en forme de saucisse. Coupez en tranches de 5 cm d'épaisseur.
3. Faites cuire cinq minutes à l'eau bouillante salée, retirez, égouttez et dressez sur un plat chaud. Nappez avec la sauce tomate chaude.
4. Faites revenir rapidement le basilic finement haché dans le beurre chaud, répartissez sur la sauce tomate, saupoudrez de parmesan râpé et servez.

Gnocchi di Semolino

Gnocchi de semoule

Ingrédients pour 4 personnes

Pour la pâte :

75 cl de lait
50 g de beurre
200 g de semoule
2 jaunes d'œufs

En plus :

Beurre pour graisser
50 g de beurre
50 g de farine
50 cl de lait
1/2 cuillerée à café de sel
1/4 cuillerée à café de poivre blanc
1 pincée de muscade
l/2 tasse à déjeuner de parmesan râpé

Mode de préparation :

1. Faites chauffer le lait avec le beurre ; à ébullition, versez la semoule, laissez mijoter à feu doux pendant quinze minutes, tout en tournant sans arrêt, retirez du feu, incorporez les jaunes d'œufs et laissez refroidir.
2. Sur un plan de travail fariné, roulez la préparation en forme d'une longue saucisse. Coupez en tranches de 2 à 3 cm d'épaisseur.
3. Beurrez un plat à feu et disposez-y les gnocchi.
4. Faites fondre le beurre dans une casserole, ajoutez la farine en tournant avec un fouet.
5. Mouillez avec le lait et laissez cuire jusqu'à l'obtention d'une sauce homogène. Salez, poivrez et ajoutez la muscade.
6. Nappez les gnocchi avec la sauce béchamel.
7. Saupoudrez de Parmesan râpé. Mettez à four modéré chauffé au préalable (th. 6) pendant environ quinze minutes pour gratiner.

Il Consiglio

Pour les mets au goût peu épicé, utilisez toujours le poivre blanc, qui est moins fort que le poivre noir. Par contre le conseil suivant est valable pour les deux sortes de poivre : utilisez-le toujours fraîchement moulu.

Gnocchi alla Marchesa

Gnocchi de la marquise

Ingrédients pour 4 personnes

1 kg de pommes de terre cuites à l'eau
200 g de farine
2 œufs
1 cuillerée à café de sel
1/2 cuillerée à café de poivre blanc
1 pincée de muscade
1/2 tasse à déjeuner de parmesan râpé
Huile pour la friture

En plus :

150 g de lard de poitrine
2 oignons
2 verres de fond de sauce pour rôtis
1 bouquet de persil

Mode de préparation :

1. Passez les pommes de terre cuites au tamis dans une terrine. Ajoutez la farine tamisée et les œufs et pétrissez afin d'obtenir une pâte. Salez, poivrez et ajoutez la muscade. Incorporez le Parmesan râpé.
2. Sur un plan de travail fariné, roulez la pâte en forme d'une grosse saucisse et découpez en tranches de 3 cm d'épaisseur.
3. Faites frire les gnocchi dans l'huile très chaude et réservez au chaud.
4. Mettez à fondre dans une poêle le lard coupé en petits dés. Ajoutez les oignons émincés et faites revenir. Mouillez avec le fond de sauce et laissez mijoter cinq minutes.
5. Parsemez de persil finement haché, salez et poivrez.
6. Versez la sauce sur les gnocchi dressés dans un plat creux et servez aussitôt.

Les pizzas

Sur des fresques à Pompéi sont déjà représentées des galettes de pain rondes, et les Romains faisaient aussi cuire des pains en forme de galettes. C'était là sans doute l'origine d'un plat qui connaît aujourd'hui un succès mondial : la pizza.

Pizza Sirena

Pizza sirène

Ingrédients pour 4 personnes

Pâte à pizza
2 cuillerées à soupe d'huile d'olive
2 bottes d'oignons nouveaux
2 poivrons (1 rouge et 1 vert)
1 boîte de tomates pelées
1/2 cuillerée à café de sel
1/4 cuillerée à café de poivre noir
1 bouquet d'origan

En plus :

400 g de thon à l'huile
100 g d'olives noires
1 verre d'anchois
Quelques piments en conserve
200 g de fromage râpé (creszenca)

Mode de préparation :

1. Faites chauffer l'huile d'olive dans une sauteuse et mettez-y les oignons nouveaux finement hachés à fondre.
2. Ajoutez les poivrons épluchés, lavés et coupés en dés et faites revenir rapidement. Incorporez les tomates aux légumes, salez, poivrez et aromatisez à l'origan. Couvrez et laissez mijoter environ dix minutes à feu moyen.
3. Égouttez et émiettez le thon.
4. Garnissez la pâte à pizza préparée à l'avance avec les légumes. Disposez dessus le thon, les olives, les anchois et les piments.
5. Saupoudrez de fromage râpé.
6. Mettez à cuire au four préchauffé (thermostat 7) pendant 20 à 25 minutes.

Pizza Primavera

Pizza printanière

Ingrédients pour 4 personnes

Pâte à pizza
3 cuillerées à soupe d'huile d'olive
150 g de lard de poitrine fumé
1 blanc de poulet
1 paquet de macédoine de légumes des Balkans (surgelé)
2 cuillerées à soupe de concentré de tomate
1 verre de vin rouge
1 bouquet de romarin
1 cuillerée à café de sel
1/4 cuillerée. à café de poivre blanc

En plus :

4 tomates
200 g de fromage râpé (mozzarella)

Mode de préparation :

1. Faites chauffer l'huile d'olive dans une sauteuse et mettez-y à fondre le lard coupé en petits dés.
2. Ajoutez le blanc de poulet coupé en petits morceaux et faites revenir.
3. Ajoutez les légumes dégelés et faites sauter rapidement.
4. Mouillez avec le vin rouge et le concentré de tomate. Couvrez et laissez mijoter environ dix minutes à feu moyen.
5. Parsemez de romarin finement haché, salez et poivrez.
6. Pelez les tomates et coupez-les en rondelles.

7. Répartissez les légumes et les tomates sur la pâte à pizza préparée au préalable.
8. Saupoudrez de fromage râpé.
9. Mettez à cuire au four préchauffé (th. 7) pendant 20 à 25 minutes.

Il Consiglio

Si le temps vous manque et si pétrir la pâte vous rebute, vous pouvez toujours commander la veille à votre boulanger de la pâte à pain. L'équivalent d'une baguette est parfait pour quatre personnes. C'est la pâte qui se rapproche le plus de celle des pizzerias.

Pâte à pizza, variante n°1

Ingrédients pour 4 personnes

500 g de farine
30 g de levure de boulanger
100 g de beurre ou de margarine
1 tasse à déjeuner de lait
2 jaunes d'œufs
1 cuil. à café de sel
1 cuil. à café de cumin moulu

Mode de préparation :

1. Tamisez la farine dans une terrine et creusez un puits.
2. Faites chauffer le lait et le beurre dans une casserole, émiettez la levure dans le lait et laissez lever.
3. Quand la levure a levé, incorporez à la farine. Ajoutez les jaunes d'œufs, le sel et le cumin et pétrissez pour obtenir une pâte homogène.
4. Roulez la pâte en boule, incisez-la en croix à l'aide d'un couteau, farinez-la et laissez-la lever encore une fois (environ trente minutes).
5. Avant l'utilisation de la pâte, travaillez-la de nouveau, puis étalez-la.
6. Pour une petite pizza individuelle formez une galette ronde et mince, pour une grande pizza formez un rectangle de la taille d'une tôle à pâtisserie.
7. Posez la pâte soit dans un moule à pizza bien beurré, soit sur une tôle à pâtisserie, beurrée également.
8. Faites un petit rebord de pâte tout autour, les bords doivent être légèrement surélevés par rapport à la surface intérieure.
9. Garnissez selon votre goût et faites cuire au four préchauffé (thermostat 7) pendant 20 à 25 minutes.

Pizza alla Mamma Lucia

Pizza de la mère Lucie

Ingrédients pour 4 personnes

Pâte à pizza
2 cuillerées à soupe d'huile d'olive
300 g de viande hachée (mélange de bœuf et de porc)
1 oignon
2 gousses d'ail
3 cuillerées à soupe de concentré de tomate
1 verre de vin blanc
1 bouquet d'origan
1 cuillerée à café de sel
1/4 cuillerée à café de poivre blanc
1 pincée de paprika

En plus :

4 tomates
400 g de brocolis blanchis
200 g de fromage râpé (stracchino)

Mode de préparation :

1. Faites chauffer l'huile d'olive dans une sauteuse et faites bien griller la viande hachée. Ajoutez l'oignon et les gousses d'ail finement hachés et faites revenir rapidement.

2. Mouillez avec le concentré de tomate et le vin blanc. Couvrez et laissez mijoter dix minutes à feu moyen.

3. Saupoudrez d'origan émietté, salez, poivrez et ajoutez le paprika. Pelez les tomates et coupez-les en rondelles.

4. Garnissez la pâte à pizza préparée d'avance de tomates et de brocolis. Versez la sauce à la viande hachée. Parsemez de fromage râpé.

5. Mettez à cuire au four préchauffé (thermostat 7) pendant 20 à 25 minutes.

Pizza con Verdure

Pizza aux légumes

Ingrédients pour 4 personnes

Pâte à pizza
1/2 verre d'huile d'olive
200 g de jambon cru
1 oignon
2 poivrons (1 rouge et 1 vert)
1 poireau
1 courgette
1 verre de vin blanc
1/2 cuillerée à café de sel
1/4 cuillerée à café de poivre blanc
1 pincée de muscade
1 bouquet de persil
200 g de fromage râpé (bel paese)

Mode de préparation :

1. Faites chauffer l'huile dans une sauteuse et mettez-y à rissoler le jambon coupé en petites lamelles.
2. Épluchez les légumes, lavez, coupez en petits dés, ajoutez au jambon et faites revenir rapidement.
3. Pelez les tomates, épépinez, ajoutez aux légumes. Mouillez avec le vin blanc. Assaisonnez de sel, de poivre et de muscade. Couvrez et laissez mijoter environ quinze minutes à feu moyen.
4. Parsemez de persil finement haché. Répartissez les légumes sur la pâte à pizza préparée au préalable.
5. Saupoudrez de fromage râpé.
6. Mettez à cuire au four préchauffé (thermostat 7) pendant 20 à 25 minutes.

Pâte à pizza, variante n°2

Ingrédients pour 4 personnes

400 g de farine
1 cuillerée à café de levure
70 g de beurre ou de margarine
2 œufs
1 cuillerée à café de zestes de citron râpés
1/2 tasse à déjeuner de lait
2 cl d'amaro siciliano (averna)
1 pincée de sel

Mode de préparation :

1. Tamisez la farine et la levure dans une terrine.
2. Mettez le beurre et les œufs dans un bol et battez énergiquement.
3. Ajoutez les zestes de citron râpés. Mélangez avec la farine, le lait, l'amaro et le sel et pétrissez soigneusement jusqu'à l'obtention d'une pâte homogène.
4. Laissez reposer une heure au réfrigérateur.
5. Avant d'utiliser la pâte, pétrissez-la bien à nouveau ; pour une petite pizza individuelle étalez en forme d'une galette ronde et mince, pour une grande pizza étalez en un grand rectangle de la taille d'une tôle à pâtisserie.
6. Posez la pâte soit dans un moule à pizza bien beurré, soit sur une tôle à pâtisserie, bien beurrée également.
7. Faites un petit rebord de pâte, légèrement surélevé, tout autour.
8. Garnissez selon votre goût et faites cuire au four préchauffé (thermostat 7) pendant 20 à 25 minutes.

Pizza Frutti di Mare

Pizza aux fruits de mer

Ingrédients pour 4 personnes

Pâte à pizza
3 cuillerées à soupe d'huile
2 gousses d'ail
3 oignons
100 g de moules décoquillées
100 g de calamars apprêtés
100 g de crevettes grises décortiquées
1 boîte de tomates pelées
1 bouquet d'origan
1/2 bouquet de thym
1 cuillerée à café de sel
1/4 cuillerée à café de poivre blanc

En plus :

100 g d'olives noires dénoyautées
1 flacon de câpres
200 g de fromage râpé (mozzarella)

Mode de préparation :

1. Faites chauffer l'huile dans une sauteuse. Mettez-y à fondre les gousses d'ail et les oignons finement hachés.
2. Ajoutez les moules, les crevettes et les calamars apprêtés et faites revenir rapidement.
3. Incorporez les tomates pelées, couvrez et laissez mijoter à feu moyen environ 25 minutes.
4. Parsemez d'origan et de thym finement émiettés. Salez et poivrez.
5. Répartissez cette préparation sur la pâte à pizza préparée d'avance. Disposez les olives et les câpres sur la garniture, saupoudrez de fromage râpé.
6. Mettez à cuire au four préchauffé (th. 7) pendant 20 à 25 minutes.

Pizza Pirata

Pizza pirate

Ingrédients pour 4 personnes

Pâte à pizza
3 cuillerées à soupe d'huile
50 g de lard de poitrine
1 oignon
2 gousses d'ail
150 g de viande hachée (mélange de bœuf et de porc)
100 g de champignons de Paris
1 boîte de tomates pelées
1 bouquet d'origan
1 bouquet de basilic
1 cuillerée. à café de sel
1/2 cuillerée à café de poivre
Quelques gouttes de sauce au poivre

En plus :

4 tomates
1 petite boîte de cœurs d'artichauts
300 g de fromage râpé (mozzarella)

Mode de préparation :

1. Faites chauffer l'huile dans une sauteuse et mettez-y à fondre le lard coupé en petits dés. Ajoutez l'oignon et les gousses d'ail émincées et faites revenir.
2. Ajoutez la viande hachée et faites dorer. Ajoutez les champignons lavés et coupés en morceaux et faites revenir brièvement.
3. Couvrez et laissez mijoter à feu moyen environ quinze minutes.
4. Triez l'origan et le basilic, lavez, hachez finement et incorporez dans la sauce. Assaisonnez avec le sel, le poivre et la sauce au poivre.
5. Pelez les tomates et coupez-les en rondelles.
6. Égouttez les cœurs d'artichauts et coupez-les en quatre.
7. Disposez les tomates sur la pâte à pizza préparée au préalable, puis versez la sauce dessus. Ajoutez les cœurs d'artichauts, saupoudrez de fromage râpé.
8. Mettez à cuire au four préchauffé (th. 7) pendant 20 à 25 minutes.

Pâte à pizza, variante n°3

Ingrédients pour 4 personnes

400 g de farine
30 g de levure de boulanger
1 cuillerée à soupe de sucre
25 cl d'eau tiède
1 grosse cuillerée à café de sel
2 cuillerées à soupe d'huile

Mode de préparation :

1. Tamisez la farine dans une terrine et faites un puits.
2. Émiettez la levure dans le puits et saupoudrez de sucre. Versez l'eau tiède, couvrez la terrine d'un torchon et mettez à lever en un lieu chaud.
3. Ajoutez le sel et l'huile et pétrissez le tout afin d'obtenir une pâte homogène.
4. Roulez la pâte en boule, incisez-la en croix à l'aide d'un couteau et farinez légèrement.
5. Laissez lever à nouveau (environ trente minutes).
6. Si vous préférez confectionner 4 petites pizzas au lieu d'une grande, partagez la pâte en 4 parts et procédez avec les 4 boules comme décrit plus haut.
7. Avant l'utilisation de la pâte, travaillez-la à nouveau et étalez.
8. Pour une petite pizza individuelle formez une galette ronde et mince ; pour une grande pizza formez un rectangle de la taille d'une tôle à pâtisserie.
9. Posez la pâte soit dans un moule à pizza bien beurré, soit sur une tôle à pâtisserie, beurrée également.
10. Faites un rebord de pâte, légèrement surélevé, tout autour.
11. Garnissez selon votre goût et faites cuire au four préchauffé (thermostat 7) pendant 20 à 25 minutes.

Focaccia

Fouace (ou Fougasse)

Ingrédients pour 4 personnes

Pâte à pizza
50 g d'olives vertes farcies
50 g d'olives noires
4 gousses d'ail
1 verre d'huile d'olive
1 bouquet de basilic
1 cuillerée à soupe de cumin
2 cuillerées à soupe de gros sel

Mode de préparation :

1. Piquez la pâte à pizza d'olives et de gousses d'ail émincées.
2. Badigeonnez avec l'huile d'olive.
3. Saupoudrez de basilic haché, de cumin et de gros sel.
4. Mettez à cuire au four préchauffé (th. 7) pendant 20 à 25 minutes.

Calzone d'Estate

Chausson d'été

Ingrédients pour 4 personnes

Pâte à pizza
2 cuil. à soupe d'huile d'olive
2 oignons
2 carottes
1 poireau
150 g de jambon blanc
2 verres de vin blanc
1 petite boîte de petits pois
1 cuillerée à café de sel
1/4 cuillerée à café de poivre blanc
1 pincée de sucre
3 œufs
1 bouquet de persil
150 g de fromage râpé (fontina)
1 tasse à déjeuner de sauce tomate

Mode de préparation :

1. Faites chauffer l'huile d'olive dans une sauteuse et faites revenir rapidement les légumes coupés en petits dés.
2. Ajoutez le jambon coupé en cubes, mouillez avec le vin blanc, couvrez et laissez mijoter à feu moyen environ dix minutes.
3. Ouvrez la casserole et laissez cuire jusqu'à l'évaporation du liquide.
4. Ajoutez les petits pois égouttés et le sucre ; salez et poivrez.
5. Battez les œufs avec le persil finement haché.
6. Incorporez les œufs aux légumes et laissez prendre en remuant sans cesse.
7. Recouvrez uniformément la moitié de la pâte à pizza avec les légumes et le fromage râpé en laissant libre un bord de l'épaisseur d'un doigt.
8. Rabattez l'autre moitié par-dessus et appuyez bien sur

les bords pour les souder ensemble.

9. Mettez à cuire au four préchauffé (thermostat 7) pendant une demi-heure.

Pâte à pizza, variante n°4

Ingrédients pour 4 personnes

450 g de gruau de blé complet
1 cuillerée à soupe de sucre roux
1 cuillerée à café de sel
1/2 cuillerée à café de coriandre
1/2 cuillerée à café de cardamome
1/2 cuillerée à café de fenouil
30 g de levure de boulanger
25 cl d'eau tiède
1 cuillerée à soupe d'huile

Mode de préparation :

1. Tamisez la farine dans une terrine. Mélangez avec le sucre, le sel et les épices et faites un puits.
2. Émiettez la levure dans le puits, versez l'eau tiède, couvrez la terrine d'un torchon et mettez à lever en un lieu chaud.
3. Ajoutez l'huile et pétrissez le tout afin d'obtenir une pâte homogène.
4. Roulez la pâte en boule, incisez-la en croix à l'aide d'un couteau, farinez légèrement et laissez lever à nouveau (environ 30 minutes).
5. Pour la suite procédez comme la variante n°3 page 125.

Les salades et les légumes

Le fin connaisseur choisit lui-même ses salades et légumes sur les marchés italiens; une habitude bien naturelle pour bénéficier du fin du fin dans la cuisine.

Insalata Aida

Salade Aïda

Ingrédients pour 4 personnes

250 g de poisson fumé
250 g de chair de homard (frais ou en boîte)
2 avocats
1 jus de citron
1 melon
2 oignons rouges
2 bouquets de citronnelle

Pour la sauce :

2 jus de citrons
1 verre d'huile d'olive
1/2 verre de vinaigre
2 cuillerées à soupe de moutarde moyennement forte
1/2 verre de bouillon
1 cuillerée à café de sel
1/4 cuillerée à café de poivre blanc
1 pincée de sucre
4 cl de liqueur de marasquin d'origine (luxardo)

Mode de préparation :

1. Ôtez les arêtes du poisson fumé et détaillez-le en morceaux.
2. Coupez la chair de homard en morceaux de la taille d'une bouchée.
3. Coupez les avocats en deux, enlevez les noyaux, extrayez la pulpe, coupez en petits dés et arrosez de jus de citron.
4. Coupez les melons en deux, retirez les graines à l'aide d'une cuillère à café. Coupez les moitiés de melon à nouveau en deux, retirez-en la pulpe à l'aide d'un couteau bien aiguisé et coupez-la en dés.
5. Épluchez les oignons et coupez en rondelles.
6. Triez la citronnelle, lavez et hachez finement.
7. Mettez tous les ingrédients dans un saladier et mélangez délicatement.
8. Pour la sauce, mélangez le jus de citron, l'huile d'olive, le vinaigre, la moutarde et le bouillon. Assaisonnez de sel, de poivre et de sucre. Aromatisez de marasquin.
9. Arrosez la salade de cette sauce, laissez reposez dix minutes au réfrigérateur et servez.

Insalata con Pasta Verde

Salade aux pâtes vertes

Ingrédients pour 4 personnes

250 g de pâtes vertes
2 oignons rouges
200 g de champignons de Paris
100 g de salami
100 g de jambon blanc
100 g de crevettes grises ou roses décortiquées
100 g de moules en boîte
2 tomates

Pour la sauce :

2 pots de yaourt
1 tasse à déjeuner de tomato ketchup
1/2 verre de vinaigre
1 jus de citron
1 bouquet d'origan
1 cuillerée à café de sel
1/4 cuillerée à café de poivre noir
4 cl d'amaro siciliano (averna)

Mode de préparation :

1. Faites cuire les pâtes « al dente » dans de l'eau bouillante salée.
2. Épluchez les oignons et coupez en fines rondelles.
3. Lavez les champignons et coupez en lamelles.
4. Coupez le salami et le jambon également en lamelles.
5. Lavez les crevettes à l'eau courante et essuyez. Égouttez bien les moules.
6. Pelez les tomates, épépinez et coupez en rondelles.
7. Mettez tous les ingrédients dans un saladier et mélangez délicatement.
8. Pour la sauce, mélangez le yaourt, le ketchup, le vinaigre et le jus de citron.
Incorporez l'origan haché, salez et poivrez.
9. Aromatisez à l'amaro. Versez sur la salade, laissez reposer dix minutes au réfrigérateur et servez.

Insalata alla Boscaiola

Salade forestière

Ingrédients pour 4 personnes

250 g de gibier bouilli ou rôti
2 oignons
150 g de jambon cru
4 cuillerées à soupe de beurre ou de margarine
200 g de girolles fraîches
200 g de cèpes frais
1 laitue

Pour la sauce :

1 verre de vin blanc
1/2 verre de vinaigre
1 verre de crème fraîche
1 cuillerée à café de sel
1/4 cuillerée à café de poivre blanc
2 cuillerées à soupe d'airelles
4 cl de liqueur sambuca molinari
1 bouquet de persil

Mode de préparation :

1. Coupez le gibier en petits dés.
2. Émincez les oignons.
3. Coupez le jambon en petits cubes.
4. Faites chauffer le beurre dans une poêle et faites revenir les champignons épluchés, lavés et coupés en morceaux. Retirez du feu et laissez refroidir.
5. Épluchez la laitue, lavez, effeuillez et tapissez le fond d'un saladier avec les feuilles.
6. Mélangez ensemble les autres ingrédients.
7. Pour la sauce, mélangez le vin blanc, le vinaigre et la crème fraîche. Assaisonnez avec le sel, le poivre et les airelles. Aromatisez de sambuca.
8. Nappez-en la salade. Répartissez sur les feuilles de laitue, saupoudrez de persil fraîchement haché et servez.

Insalata Capricciosa

Salade capricieuse

Ingrédients pour 4 personnes

1 laitue
1 chicorée
2 oignons
100 g d'olives noires
1 verre de filets d'anchois
250 g de thon à l'huile
2 œufs durs
2 tomates
8 piments en conserve

Pour la sauce :

1 verre d'huile d'olive
1/2 verre de vinaigre
2 jus de citrons
Quelques gouttes de Worcester sauce
1/2 cuillerée à café de sel
1/4 cuillerée à café de poivre noir
1 pincée de sucre

Mode de préparation :

1. Épluchez la laitue et la chicorée, lavez et effeuillez en morceaux de la taille d'une bouchée.
2. Épluchez les oignons et coupez en rondelles. Dénoyautez les olives. Lavez les filets d'anchois à l'eau courante et essuyez.
3. Émiettez le thon.
4. Coupez les œufs durs en huit.
5. Pelez les tomates, épépinez et coupez également en huit.
6. Mettez tous les ingrédients dans un saladier et mêlez délicatement. Répartissez les piments sur le dessus.
7. Pour la sauce, mélangez l'huile, le vinaigre et le jus de citron. Assaisonnez avec la Worcester sauce, le sel, le poivre et le sucre.
8. Versez sur la salade, laissez reposer dix minutes et servez.

Insalata con Salsa di Gorgonzola

Salade au gorgonzola

Ingrédients pour 4 personnes

1 laitue
1 chicorée
1 courgette
2 poivrons (1 rouge et 1 jaune)
2 tomates
2 oignons rouges

Pour la sauce :

100 g de gorgonzola
1 tasse à déjeuner de crème fraîche
1 pot de yaourt
2 jus de citrons
1 cuil. à café de sel
1/4 cuillerée à café poivre blanc
1 pincée de sucre
1 bouquet de persil

Mode de préparation :

1. Épluchez la laitue et la chicorée, lavez et effeuillez en morceaux de la taille d'une bouchée.
2. Coupez la courgette en rondelles très fines et faites blanchir rapidement dans l'eau bouillante salée, retirez et essuyer.
3. Épluchez les poivrons, lavez et coupez en fines lamelles.
4. Pelez les tomates, épépinez et coupez en lamelles.
5. Épluchez les oignons et coupez en fines rondelles.
6. Mettez tous les ingrédients dans un saladier et mêlez délicatement.
7. Dans un bol écrasez le gorgonzola à l'aide d'une fourchette.
8. Mélangez avec la crème fraîche, le yaourt et le jus de citron. Assaisonnez de sel, de poivre et de sucre.
9. Arrosez la salade de cette sauce, saupoudrez de persil fraîchement haché et servez.

Zucchini Deliziosi

Courgettes délicieuses

Ingrédients pour 4 personnes

4 courgettes de taille moyenne
4 cuil. à soupe de beurre ou de margarine
1 oignon
2 gousses d'ail
2 cuillerées à soupe de vinaigre
1 verre de vin blanc
1 tasse à déjeuner de crème fraîche
4 tomates
1 bouquet d'origan
1/2 cuillerée à café de sel
1/4 cuillerée à café de poivre blanc
1 pincée de sucre

Mode de préparation :

1. Lavez les courgettes, épluchez et coupez en rondelles fines.
2. Faites fondre le beurre dans une casserole et faites revenir l'oignon et les gousses d'ail finement hachés.
3. Ajoutez les rondelles de courgettes et faites sauter rapidement. Mouillez avec le vinaigre, le vin blanc et la crème fraîche. Couvrez et laissez mijoter cinq minutes à feu moyen.
4. Pelez les tomates, épépinez, coupez en dés et incorporez aux courgettes en même temps que l'oignon haché.
5. Salez, poivrez et ajoutez la pincée de sucre.
6. Couvrez et laissez mijoter cinq minutes supplémentaires ; servez aussitôt.

Il Consiglio

Les petites courgettes peuvent être utilisées avec la peau et les graines ; quant aux grosses, il faut les éplucher, les couper en deux dans le sens de la longueur et retirer les graines.

Zucchini al Mantello di Lardo

Courgettes en manteau de lard

Ingrédients pour 4 personnes

4 courgettes de taille moyenne
1 petite boîte de concentré de tomate
2 gousses d'ail
1 cuillerée à café de zestes de citron râpés
1 bouquet de thym
1/2 cuillerée à café de sel
1/4 cuillerée à café de poivre blanc
8 tranches fines de lard de poitrine
2 cuillerées à soupe de beurre ou de margarine
1 tasse à déjeuner de fromage râpé (mozzarella)

Mode de préparation :

1. Lavez les courgettes et faites blanchir cinq minutes à l'eau bouillante salée. Retirez de l'eau, égouttez et coupez en deux dans le sens de la longueur et posez sur un plan de travail.
2. Mélangez le concentré de tomate avec les gousses d'ail finement hachées, les zestes de citron râpés et le thym émietté et répartissez sur les moitiés de courgettes. Salez et poivrez.
3. Refermez les courgettes. Enveloppez chacune d'elles de deux tranches de lard.
4. Beurrez un plat à gratin et posez-y les courgettes.
5. Saupoudrez de fromage râpé et faites gratiner au four préchauffé (th. 6) pendant quinze minutes.

Finocchi al Sugo di Carne

Fenouil à la viande hachée

Ingrédients pour 4 personnes

4 bulbes de fenouil de taille moyenne
3 cuillerées à soupe d'huile d'olive
1 oignon
1 carotte
1 branche de céleri
200 g de viande hachée

2 gousses d'ail
1 boîte de tomates pelées
1 cuillerée à café de sel
1/4 cuillerée à café de poivre blanc
3 cuillerées à soupe de beurre ou de margarine
1 tasse à déjeuner de fromage râpé (parmesan)

Mode de préparation :

1. Épluchez les bulbes de fenouil, partagez-les en deux et faites blanchir rapidement à l'eau bouillante salée.
2. Faites chauffer l'huile d'olive dans une sauteuse, ajoutez les légumes épluchés, lavés et coupés en petits dés et faites revenir rapidement.
3. Mettez la viande hachée avec les légumes et laissez mijoter dix minutes.
4. Hachez finement les gousses d'ail et incorporez au mélange en même temps que les tomates pelées.
5. Salez et poivrez. Couvrez et laissez mijoter environ vingt minutes.
6. Beurrez un plat à gratin et rangez-y les demi-bulbes de fenouil blanchis.
7. Versez la sauce à la viande hachée.
8. Saupoudrez de fromage râpé.
9. Faites gratiner au four préchauffé (thermostat 7) pendant quinze à vingt minutes.

Involtini di Cavolo al Pomodoro

Paupiettes de chou à la sauce tomate

Ingrédients pour 4 personnes

1 petit chou blanc
200 g de mozzarella
2 cuillerées à soupe d'huile
100 g de lard de poitrine fumé
2 oignons
2 gousses d'ail
1 boîte de tomates pelées
1 bouquet de basilic
1/2 cuillerée à café de sel
1/4 cuillerée à café de poivre blanc
1 tasse à déjeuner de fromage râpé (stracchino)

Mode de préparation :

1. Parez le chou ; enlevez les feuilles extérieures et le cœur, détachez les belles feuilles intérieures. Faites-les blanchir dix minutes à l'eau bouillante salée.
2. Coupez la mozzarella en petits cubes.
3. Étalez les feuilles de chou blanchies et égouttées soigneusement sur une planche de travail et superposez-en trois ou quatre à chaque fois. Garnissez les feuilles avec la mozzarella coupée en cubes et roulez en forme de paupiettes.
4. Faites chauffer l'huile dans une poêle et faites fondre le lard coupé en dés. Ajoutez les oignons et les gousses d'ail émincés et faites revenir.
5. Passez les tomates pelées au tamis sur les oignons. Aromatisez au basilic.
6. Rangez les paupiettes de chou dans un plat à gratin. Arrosez avec la sauce assaisonnée au préalable de sel et de poivre.
7. Saupoudrez de fromage râpé.
8. Mettez à gratiner au four préchauffé (thermostat 6) pendant dix à quinze minutes.

Melanzane Ripiene

Aubergines farcies

Ingrédients pour 4 personnes

2 grosses aubergines
1/2 verre d'huile d'olive
2 oignons
2 gousses d'ail
100 g de jambon cru
1 petite boîte de tomates pelées
1/2 tasse à déjeuner de chapelure
1 bouquet de persil
1/2 cuillerée à café de sel
1/4 cuillerée à café de poivre blanc
1 tasse à déjeuner de fromage râpé

Mode de préparation :

1. Coupez les aubergines en deux dans le sens de la longueur et faites blanchir à l'eau bouillante salée pendant dix minutes ; retirez et égouttez soigneusement.
2. Faites chauffer l'huile dans une sauteuse et faites-y roussir les oignons et les gousses d'ail finement hachés.
3. Coupez le jambon en petits dés, ajoutez aux oignons et faites revenir rapidement.
4. Passez les tomates au tamis sur les oignons et laissez mijoter, le temps d'obtenir une sauce relativement épaisse. Retirez du feu et incorporez-y la chapelure.
5. Saupoudrez de persil haché, salez et poivrez.
6. Remplissez chaque moitié d'aubergine de cette farce.
7. Parsemez de fromage râpé et faites gratiner au four ou au gril.

Il Consiglio

L'aubergine est un légume utilisable de multiples façons. En Italie on la sert volontiers soufflé, farcie de viande hachée ou bien comme légume d'accompagnement, aromatisée aux herbes fraîches.

Peperonata

Poivrons au jus de tomate

Ingrédients pour 4 personnes

1 verre d'huile d'olive
4 oignons
2 gousses d'ail
3 poivrons (1 rouge, 1 vert et 1 jaune)
1 verre de vin blanc
1 jus de citron
1 cuillerée à café de sel
1/4 cuillerée à café de poivre noir
1 pincée de sucre
4 tomates
1 bouquet de persil

Mode de préparation :

1. Faites chauffer l'huile d'olive dans une sauteuse et faites roussir les oignons grossièrement hachés. Ajoutez les gousses d'ail émincées et faites revenir rapidement.
2. Épluchez les poivrons, lavez, coupez en dés d'un centimètre d'épaisseur, ajoutez aux oignons et faites revenir rapidement.
3. Mouillez avec le vin blanc et le jus de citron, couvrez et laissez mijoter quinze minutes à feu moyen. Salez, poivrez et sucrez.
4. Pelez les tomates, épépinez, coupez en cubes et incorporez aux poivrons.
5. Saupoudrez de persil fraîchement haché et servez.

Les desserts

Les fruits, qui sont en Italie à votre disposition pendant presque toute l'année, et de la meilleure qualité, constituent les ingrédients principaux des entremets les plus exquis.

Fragole al Pepe

Fraises au poivre vert

Ingrédients pour 4 personnes

600 g de fraises
4 cuillerées à soupe de sucre
4 cuillerées à soupe de beurre
1 verre de vin blanc
2 cuillerées à soupe de poivre vert en grains
6 cl d'amaretto di saronno d'origine

En plus :

4 portions de glace à la vanille
1/2 pot de crème fraîche liquide
1 sachet de sucre vanillé
2 cuillerées à soupe de pistaches

Mode de préparation :

1. Lavez les fraises, retirez les queues et séchez. Coupez les grosses fraises en deux.
2. Faites chauffer le beurre dans une casserole et faites caraméliser le sucre. Mouillez avec le vin blanc et laissez fondre le sucre.
3. Ajoutez les grains de poivre vert et faites cuire quelques instants.
4. Incorporez les fraises dans a sauce. Aromatisez à l'amaretto.
5. Disposez la glace à la vanille dans des coupes individuelles. Répartissez les fraises sur le dessus.
6. Décorez de crème fouettée vanillée. Parsemez de pistaches et servez.

Macedonia di Frutta

Salade de fruits frais

Ingrédients pour 4 personnes

1 petit melon
2 abricots
1 pêche
1 poire
100 g de cerises
2 kiwis
100 g de noix pilées
2 jus de citrons
1 verre de vin blanc
1/2 verre à liqueur de marasquin d'origine (luxardo)
4 cuillerées à soupe de sucre en poudre

Mode de préparation :

1. Partagez le melon en deux et retirez les graines à l'aide d'une cuillère à café. Coupez les moitiés de melon à nouveau en deux, retirez la pulpe à l'aide d'un couteau bien aiguisé et coupez en petits dés.
2. Lavez les abricots et la pêche à l'eau courante, coupez-les en deux, enlevez les noyaux et coupez également en dés.
3. Pelez la poire, retirez le centre et coupez en dés.
4. Dénoyautez les cerises.
5. Pelez les kiwis et coupez en dés.
6. Mettez dans une jatte puis mélangez délicatement tous les fruits, ainsi que les noix pilées.
7. À part, mélangez le jus de citron, le vin blanc, le sucre en poudre et le marasquin . Versez sur la salade.
8. Mettez quinze minutes au réfrigérateur et servez.
9. En Italie, la salade de fruits est servie avec ou sans glace.

Mele al Forno

Pommes au four

Ingrédients pour 4 personnes

4 pommes
4 cuillerées à soupe de beurre
1 verre de vin blanc
1/2 verre de marsala
4 cl de cognac
4 cuillerées à soupe de sucre
100 g de pâte d'amandes
3 cuillerées à soupe de raisins secs
3 cuillerées à soupe de crème fraîche
50 g de pignons de pin pilés

Mode de préparation :

1. Retirez les pépins et les cloisons des pommes à l'aide d'un vide-pomme.
2. Beurrez un plat allant au four et posez-y les pommes. Versez le vin

blanc, le marsala et le cognac et saupoudrez de sucre.
3. Faites cuire 15 à 20 minutes au four préchauffé (thermostat 7).
4. Pendant ce temps, mélangez la pâte d'amandes avec les raisins secs, la crème fraîche et les pignons de pin pilés.
cinq minutes avant la fin de la cuisson, répartissez cette masse sur les pommes et remettez le tout au four.

Pesche in Bella Vista

Délice de pêches

Ingrédients pour 4 personnes

4 pêches
8 boules de glace aux cerises
100 g de cerises
6 cl de marasquin
4 cl de cynar

En plus :

150 g de framboises
1/2 tasse à déjeuner de crème fraîche
1 sachet de sucre vanillé
50 g de vermicelle de chocolat

Mode de préparation :

1. Lavez les pêches, partagez-les en deux, dénoyautez et recoupez les moitiés en deux.
2. Disposez les quartiers de pêche sur un plat, en formant quatre étoiles.
3. Mettez deux boules de glace aux cerises au milieu de chaque étoile. Répartissez les cerises sur le dessus. Arrosez de marasquin et de cynar.
4. Mélangez les framboises écrasées avec la crème fraîche et le sucre vanillé et nappez la glace uniformément de cette sauce.
5. Parsemez de vermicelles de chocolat et servez.

Zabaglione con Cafe

Mousse de vin au café

Ingrédients pour 4 personnes

4 jaunes d'œufs
4 cuillerées à soupe de sucre en poudre
1 verre de marsala
2 cuillerées à soupe de café soluble
4 portions de glace à la vanille
2 cuillerées à soupe de granulés de chocolat

Mode de préparation :

1. Mélangez soigneusement les jaunes d'œufs avec le marsala, le sucre en poudre et le café soluble.
2. Faites chauffer au bain-marie ou sur le feu en fouettant jusqu'à l'obtention d'une crème mousseuse.
3. Répartissez la glace à la vanille dans quatre coupes individuelles, nappez avec la mousse au café, parsemez de granulés de chocolat et servez.

INDEX DES NOMS DE RECETTE EN ITALIEN